DAS
Nussknacker
BACKBUCH

DAS Nussknacker BACKBUCH

Märchenhafte Rezepte
und Geschichten aus aller Welt

EMF

EIN BUCH DER
EDITION MICHAEL FISCHER

Inhalt

1 ES WAR EINMAL …

2 LEISE RIESELT DER SCHNEE …

3 KLING, GLÖCKCHEN, KLINGELINGELING …

4

VON DRAUSS' VOM WALDE KOMM ICH HER …

5

APFEL, NUSS & MANDELKERN …

»VERZAUBERT LIEGT
DIE WELT IN WEISS,
NOCH IMMER FALLEN
FLOCKEN LEIS'.
WUNDERSCHÖN DIE
WINTERZEIT.«

1

ES WAR EINMAL ...

... da kannte die Welt noch keinen Panettone oder andere italienische Kleinigkeiten, die den Menschen Jahr für Jahr die Weihnachtszeit versüßen. Und es gibt doch nichts Schöneres als mit dem Geschmack von Amaretti und Rotwein lange Winter-Nachmittage zu genießen.

1

ES WAR EINMAL ...

»Panettone«

– ITALIENISCHER – WEIHNACHTSKUCHEN

2 Stück

FÜR DEN VORTEIG

- 1 EL Honig
- 10 g frische Hefe
- 40 g Manitoba-Mehl

FÜR DEN ERSTEN TEIG

- 120 g Zucker
- 2 Eigelb (Größe M)
- 60 g zerlassene Butter
- 175 g Mehl (Type 405)
- 175 g Manitobamehl

FÜR DEN ZWEITEN TEIG

- 150 g Rosinen
- 1 Eigelb (Größe M)
- 20 g Zucker
- 1 TL getrocknete Orangenschale
- 1 TL gemahlene Vanille
- 60 g weiche Butter
- 50 g Mehl (Type 405)

Zubereitung

Für den Vorteig 30 ml lauwarmes Wasser mit Honig vermengen. Hefe hineinbröckeln und so lange verrühren, bis sie sich aufgelöst hat. Das Mehl hineingeben und vermengen, dann mit Folie abdecken und für 30 Minuten ruhen lassen.

Für den ersten Teig 120 ml lauwarmes Wasser und Zucker miteinander vermengen, bis sich der Zucker aufgelöst hat. Vorteig hinzugeben, vorsichtig miteinander verrühren. Eigelbe hinzugeben und weiterrühren, bis sie mit dem Teig verbunden sind, dann geschmolzene Butter einrühren.

Die Mehle miteinander vermengen. Nach und nach drei Viertel des Mehls zum Teig geben und immer weiter rühren bzw. zu kneten beginnen. Arbeitsplatte mit Mehl bestäuben, Teig darauf geben und ebenfalls mit Mehl bestäuben. Nun immer weiter kneten und mit Teilen des restlichen Mehls bestäuben. Wenn der Teig elastisch ist (dauert etwa 15 Minuten), zu einer Kugel formen, in eine Schüssel geben und mit Folie und einem Handtuch abgedeckt 2 Stunden im geschlossenen Backofen gehen lassen. Währenddessen Rosinen mit Wasser bedecken und beiseitestellen.

Weiter geht's
AUF DER NÄCHSTEN SEITE! ⟶

Weiter geht's

Nach der Gehzeit in der Mitte des Teiges eine Mulde formen. Für den zweiten Teig Eigelb, Zucker, Orangenschale und Vanille zum Teig geben und beginnen, alles zu verkneten. Die Butter in Stücken dazugeben, weiter kneten. In kleinen Portionen immer etwas Mehl über den Teig streuen und weiter kneten. Sobald er etwas fester wird, die Arbeitsplatte mit Mehl bestäuben, Teig darauf geben und ebenfalls mit Mehl bestäuben. Weiter kneten, bis der Teig wieder schön elastisch wird, und etwas flachdrücken. Rosinen gut ausdrücken, damit nicht zu viel Wasser in den Teig gelangt, hinzugeben und mit etwas Mehl bestäubt in den Teig einarbeiten.

Den Teig zu einer Kugel formen, in eine Panettone-Form setzen und auf ein Blech stellen. Mit einer Plastiktüte abdecken, sodass diese über der Form steht. Blech in den Ofen schieben und bei geschlossener Tür für 4 Stunden gehen lassen.

Den Backofen auf 190 °C Ober- / Unterhitze vorheizen. Die Oberfläche des Panettone mittig kreuzweise einritzen und an den vier Ecken aufklappen. Ein 1 cm großes Stück Butter hineinlegen. Im vorgeheizten Ofen 10 Minuten backen. Hitze auf 170 °C reduzieren und 35–40 Minuten backen. Sollte der Panettone oben zu dunkel werden, mit etwas Alufolie abdecken.

Den Panettone aus dem Ofen nehmen. Damit er nicht zusammenfällt, zwei Holzspieße 3 cm vom Boden entfernt, parallel zum Boden durch die Panettone stechen. Mit Hilfe der Holzspieße den Panettone drehen und in ein Gefäß hängen. Auskühlen lassen. Anschließend wieder umdrehen und mit Puderzucker bestreut servieren.

EAT Drink and BE HAPPY

Rotweinkuchen »WIE VON OMA«

1 Gugelhupf

- 100 g Zartbitterschokolade
- 250 g Mehl (Type 405)
- 1 TL gemahlener Zimt
- 2 EL Backkakao
- ¼ TL gemahlene Vanille
- 1 Pck. Backpulver
- 250 g weiche Butter
- 175 g Zucker
- 1 Päckchen Vanillezucker
- 5 Eier (Größe M)
- 175 ml Rotwein
- 80 g geraspelte Zartbitterschokolade
- 80 g gehackte und geröstete Mandeln
- Salz
- 200 g Zartbitterkuvertüre

AUSSERDEM

- Gugelhupf-Form

Zubereitung

Eine Gugelhupf-Form einfetten und mit etwas Mehl ausstreuen. Den Backofen auf 175 °C Ober- / Unterhitze vorheizen. Zartbitterschokolade im Wasserbad schmelzen.

Mehl mit Zimt, Kakao, Vanille und Backpulver mischen. Beiseitestellen. Die Butter etwas anschlagen. Zucker und Vanillezucker hinzugeben und die Masse etwa 5 Minuten schaumig schlagen. Eier trennen, Eigelbe nach und nach unterrühren – jedes Eigelb für mindestens 30 Sekunden.

Mehlmischung abwechselnd mit dem Rotwein unterrühren. Geschmolzene Schokolade einfließen lassen und einrühren. Schokoladenraspeln und gehackte Mandeln unterheben. Zum Schluss das Eiweiß mit einer Prise Salz steif schlagen und vorsichtig unter den Teig heben.

Teig in die vorbereitete Form geben und im heißen Ofen rund 60–70 Minuten backen. Stäbchenprobe machen. Kuchen aus dem Ofen nehmen und 10 Minuten abkühlen lassen. Dann stürzen.

Kuvertüre in der Mikrowelle oder im heißen Wasserbad schmelzen. Über den Kuchen gießen und trocknen lassen.

TIPP

Wer auf Alkohol verzichten möchte, verwendet dieselbe Menge Traubensaft.

Zuckerstangen BROWNIES

Ca. 25 Stück

- 250 g Zartbitterschokolade
- 250 g Butter
- 4 Eier (Größe M)
- 250 g Zucker
- 150 g Mehl (Type 405)
- 1 EL Kakaopulver
- 1 TL Lebkuchengewürz
- 80 g Zuckerstangen

AUSSERDEM

- Quadratische Springform (24 x 24 cm)

Zubereitung

Den Backofen auf 175 °C Ober- / Unterhitze (160 °C Umluft) vorheizen. Eine quadratische Springform mit Backpapier auslegen. Die Schokolade in Stücke brechen und die Butter in Stücke schneiden. Beides in einer Schüssel über einem warmen Wasserbad schmelzen lassen.

Inzwischen die Eier mit den Schneebesen des Handrührgeräts oder der Küchenmaschine dicklich-cremig rühren, dabei nach und nach den Zucker zugeben. Mehl, Kakaopulver und Lebkuchengewürz mischen. Geschmolzene Schoko-Butter-Mischung unter die Eiermasse rühren, dann die Mehlmischung dazugeben und zügig mit einem Teigspatel unterrühren.

Den Teig in die Form füllen. Die Zuckerstangen mit einem großen, schweren Messer grob zerhacken, die Stücke auf den Brownie-Teig streuen. Die Brownies im heißen Ofen etwa 25 Minuten backen. Die Ränder sollten dann festgebacken, der innere Teil aber nur gerade leicht fest sein. Herausnehmen, auf einem Kuchengitter abkühlen lassen, dann aus Form und Backpapier lösen und in etwa 4 x 4 cm große Stücke schneiden.

Glühwein CHEESECAKE

1 Kuchen

FÜR DEN BODEN

- 120 g Butterkekse
- 2 EL Zucker
- 2 TL Lebkuchengewürz
- 60 g Butter

FÜR DIE FÜLLUNG

- 1 kg Frischkäse
- 120 g Butter
- 220 g saure Sahne
- 350 g Zucker
- 5 Eier (Größe M)
- 2 Eigelb (Größe M)

FÜR DEN GUSS

- 1 Pck. gezuckerter, roter Tortenguss
- 250 ml Glühwein

AUSSERDEM

- Springform (Ø 28 cm)
- Rosmarinzweige / gezuckerte Cranberrys (S. 32)

Zubereitung

Backofen auf 180 °C Umluft vorheizen und Form einfetten. Für den Boden Kekse fein mahlen und Zucker sowie Lebkuchengewürz unterrühren. Butter schmelzen und mit Keksen vermengen. Krümel in die Form geben, gleichmäßig ebnen. Ca. 15 Minuten lang backen. Abkühlen lassen.

Um die Form in Aluminiumfolie zu wickeln, 2 lange Streifen Folie als Kreuz übereinanderlegen. Mittig in die Form legen, bis hoch an den Rand andrücken und so die Form einwickeln. Form in eine große hohe Auflaufform stellen.

Für die Füllung müssen alle Zutaten Raumtemperatur haben. Frischkäse mit Butter, saurer Sahne und Zucker vermengen. Während des Rührens Eier und Eigelbe einzeln langsam unterrühren. Wenn alles gut vermengt ist, Füllung in die Form gießen. Heißes Wasser in die Auflaufform geben, sodass es zur Hälfte der Formhöhe reicht.

Kuchen 60 Minuten backen, bis die Seiten etwas von der Form weichen und die Mitte noch wackelig ist. Folie entfernen, abkühlen lassen. Über Nacht kühl stellen. Kuchen aus der Kühlung nehmen, vorsichtig Ränder mit einem Messer lösen, Form entfernen. Tortenguss nach Packungsanleitung zubereiten – Wasser durch Glühwein ersetzen – und über die Torte gießen. Nach Belieben mit gezuckerten Cranberrys oder Rosmarinzweigen dekorieren.

Honigsüßes TORRONE

1 Lage

- 120 g geschälte Haselnusskerne
- 120 g geschälte Mandeln
- 195 g Zucker
- 110 g Honig
- 1 Eiweiß (Größe M)
- 1 Prise Salz
- 2 große Lagen Reispapier oder Oblaten

AUSSERDEM

- Auflaufform (15 x 30 cm)

Zubereitung

Backofen auf 180 °C Umluft vorheizen. Nüsse auf ein mit Backpapier ausgelegtes Blech geben, in den Ofen schieben und so lange rösten, bis sie anfangen zu schwitzen (etwa 10–15 Minuten). Blech aus dem Ofen nehmen.

180 g Zucker und 60 ml Wasser in einen Topf geben. Honig in einen zweiten Topf geben. Beides zum Schmelzen bringen, bis es leicht köchelt und Blasen wirft. Achtung: Der Zucker soll flüssig sein, aber nicht karamellisieren. Währenddessen Eiweiß mit Salz steif schlagen. 15 g Zucker einrieseln lassen und noch etwas weiter schlagen.

Honig 1 Minute abkühlen lassen. In einem dünnen Strahl in den Eischnee laufen lassen und dabei auf niedriger Stufe unterrühren. Flüssigen Zuckersirup genauso in die Masse hineinlaufen lassen und die Masse weitere 5 Minuten schlagen. Sie sollte anschließend nicht fest, aber sehr klebrig und zähflüssig sein.

Nüsse noch warm in die Masse geben, mit einem Löffel gut unterrühren. Nun in einer Auflaufform eine Lage Reispapier auslegen und Masse darauf verteilen. Anschließend mit der zweiten Lage Reispapier abdecken und etwas festdrücken. Form in den Kühlschrank stellen und das Torrone für 2–3 Stunden fest werden lassen. Nach Belieben in Streifen oder Stücke schneiden.

Märchenstunde

Die Legende des Panettone

C'era una volta – Es war einmal ein Küchenjunge. Er hieß Toni und diente in Mailand am Hofe des italienischen Herzogs Ludovico Sforza, der wegen seiner dunklen Haar- und Hautfarbe »il Moro«, »der Dunkle«, genannt wurde. Viel ist nicht von Toni überliefert. Bescheiden soll er gewesen sein, sicher auch klug, fleißig und talentiert. Immerhin so talentiert, dass er eines Tages seinen Küchenchef zu retten wusste.

Viele Legenden und Anekdoten umgeben die Entstehung des berühmten Panettone, doch einiges darunter ist nachweislich beurkundet: Der Küchenchef, der am Hof von Ludovico Sforza beschäftigt war, wurde einst beauftragt, ein königliches Weihnachtsmahl zuzubereiten. Das Unglück geschah ausgerechnet am Abend des weihnachtlichen Banketts, zu dem alle adligen Familien der Gegend geladen waren und wegen dem in der Küche große Aufregung herrschte. Überall wurde geschnippelt und gerührt, gekocht und gebraten, und alles ging gut – bis der Küchenchef feststellte, dass er die Süßspeise im Ofen vergessen hatte. Der Höhepunkt des prunkvollen Mahls: verbrannt! Vom Dessert war nur noch die Asche übrig geblieben – ***che disastro!***

Es war eine Katastrophe, Toni hatte seinen Chef nie so verzweifelt gesehen. Also nahm der Küchenjunge all seinen Mut zusammen und sagte, er habe aus übrig gebliebenen Zutaten wie Mehl, Butter, Zucker und Eiern, kandierten Früchten und Rosinen einen Kuchen gebacken. Der Chef könne ihn nehmen, wenn er nichts anderes habe, und da es für ihn um Kopf und Kragen ging, sagte er zu und servierte den Kuchen. Zitternd stand er hinter dem Vorhang, um die Resonanz der adligen Gesellschaft zu beobachten. Sie waren begeistert! Als der Herzog nach dem Namen des Gebäcks fragte, verriet ihm der Küchenchef sein Geheimnis und sagte, es sei das Brot des Toni, »pan del Toni«. Daraus wurde mit der Zeit der »Panettone«.

1

ES WAR EINMAL ...

Haselnuss MAKRONEN

Ca. 50 Stück

- 3 Eiweiß (Größe M)
- 150 g Zucker
- 1 Pck. Vanillezucker (wahlweise 1 TL Vanille-aroma)
- 250 g gemahlene Hasel-nusskerne
- 50 ganze Haselnusskerne

Zubereitung

Den Backofen auf 150 °C Ober- / Unterhitze vorheizen. Zwei Backbleche mit Backpapier auslegen.

Die Eiweiße mit dem Handrührgerät sehr steif schlagen, dabei Zucker und Vanillezucker einrieseln lassen. Zuletzt die gemahlenen Haselnüsse unter die Masse ziehen.

Mit einem Teelöffel walnussgroße Teighäufchen auf die Backbleche setzen, in die Mitte jeweils einen ganzen Haselnusskern drücken. Die Makronen in 20 Minuten goldbraun backen.

TIPP

Geübte können die Masse in einen Spritzbeutel mit einer mittelgroßen Tülle füllen und den Teig in einem Kringel aufspritzen.

1

ES WAR EINMAL …

»Amaretti« ECHT ITALIENISCH

Ca. 30 Stück

- 3 Eiweiß (Größe M)
- 250 g gemahlene Mandeln
- 300 g Zucker
- 1 TL Vanillezucker
- 30 ml Mandellikör (z. B. Amaretto; wahlweise Apfelsaft)
- 50 g Puderzucker

Zubereitung

Den Backofen auf 170 °C Ober- / Unterhitze vorheizen. Zwei Backbleche mit Backpapier auslegen.

Die Eiweiße mit dem Handrührgerät in einer Schüssel steif schlagen. Die Mandeln mit 250 g Zucker und dem Vanillezucker mischen und mit einem Schneebesen unter den Eischnee rühren. Zuletzt den Mandellikör einrühren.

Den Puderzucker und den restlichen Zucker in zwei separate Schüsselchen geben. Von der Eiweißmasse walnussgroße Stücke abnehmen und zu Kugeln rollen. Diese erst im Zucker, dann im Puderzucker wälzen. Fertige Kugeln mit 2 cm Abstand auf die Backbleche legen. 15 Minuten backen, dann auf einem Kuchengitter abkühlen lassen.

2

LEISE RIESELT DER SCHNEE …

… und umhüllt himmlisches Gebäck mit Puderzucker und Kokosnuss. Weihnachtlich glänzen die süßen Kleinigkeiten auf der Kuchentafel und lassen die Freude, die die schönste Zeit im Jahr mit sich bringt, bestehen.

Glitzer-Cupcakes mit Cranberrys

12 Stück

Für den Teig

- 200 g Dinkelvollkornmehl
- 1 Pck. Backpulver
- 1 Prise Salz
- ¼ TL gemahlener Kardamom
- ¼ TL gemahlener Zimt
- ¼ TL gemahlene Nelken
- 50 g Zucker
- 1 Päckchen Vanillezucker
- 50 ml Sonnenblumenöl
- 1 Ei (Größe M)
- 200 ml Orangensaft
- 100 g Cranberrys

Für die Vanillesahne

- 200 ml Schlagsahne
- 1 Päckchen Sahnesteif
- 1 Päckchen Vanillezucker

Für die gezuckerten Cranberrys

- 150 g Zucker
- 125 g Cranberrys

Zubereitung

Den Backofen auf 200 °C Ober- / Unterhitze vorheizen und eine Muffinform einfetten. Mehl, Backpulver, Salz und Gewürze in einer Schüssel gut vermischen. In einer weiteren Schüssel Zucker, Vanillezucker, Öl und das Ei cremig rühren. Dann den Saft unterschlagen.

Die Cranberrys waschen, halbieren und vorsichtig unter den Teig rühren. Den Teig in die Muffinform füllen und im vorgeheizten Backofen für 20–25 Minuten goldbraun backen. Nach dem Backen auf einem Kuchenrost vollständig auskühlen lassen.

Für die Vanillesahne Schlagsahne, Sahnesteif und Vanillezucker steif schlagen; dann in einen Spritzbeutel füllen und auf die Muffins spritzen. Die Cupcakes kühl stellen.

Für die gezuckerten Cranberrys 125 ml Wasser in einem Topf mit 75 g Zucker aufkochen, bis der Zucker vollständig gelöst ist. Vom Herd nehmen und die Cranberrys hineingeben, darauf achten, dass diese vollständig vom Sirup ummantelt sind. Für 15 Minuten zugedeckt stehen lassen. Den restlichen Zucker auf einen Teller geben.

Die Cranberrys aus dem Zuckersirup fischen, im Zucker wälzen und für mindestens 1 Stunde trocknen lassen. Cupcakes aus dem Kühlschrank nehmen, mit den gezuckerten Cranberrys dekorieren und genießen.

TIPP

Besonders weihnachtlich werden die Cupcakes mit einem Zweig Rosmarin.

Bûche de Noël
– Französischer – Weihnachtskuchen

1 Kuchen

FÜR DIE GANACHE

- 250 g Zartbitterschokolade
- 360 ml Sahne

FÜR DEN TEIG

- 120 g Mehl (Type 405)
- 1 Prise Natron
- 90 g Butter
- 6 Eier (Größe M)
- 150 g Zucker

FÜR DIE FÜLLUNG

- 200 g Maronenpüree
- 150 g Butter
- 80 g Zartbitterschokolade

AUSSERDEM

- gehackte Pistazien, gezuckerte Cranberrys und kleine Rosmarinzweige zum Garnieren

Zubereitung

Für die Ganache die Schokolade klein hacken und in eine Schüssel geben. Sahne zum Kochen bringen und über die Schokolade gießen. 2 Minuten ziehen lassen. Die Masse verrühren, bis die Schokolade aufgelöst ist. Über Nacht in den Kühlschrank stellen.

Für den Biskuitteig Mehl mit 1 Prise Natron vermengen. Butter schmelzen und abkühlen lassen und anschließend beiseite stellen. Ein Backblech einfetten und mit Backpapier auslegen. Den Backofen auf 180 °C Umluft vorheizen.

Eier mit Zucker verquirlen und dann in einem Wasserbad solange unter Rühren erhitzen, bis der Zucker aufgelöst ist. Anschließend die Masse solange verrühren, bis sie sich verdoppelt. Nun das Mehl langsam unterheben und zum Schluss die Butter vorsichtig unterrühren.

Weiter geht's
AUF DER NÄCHSTEN SEITE! →

TIPP

Man kann den Biskuitteig auch in einem Rum-Sirup (100 g Zucker mit 50 ml Rum aufkochen) tränken, bevor man das Maronen-püree aufträgt!

Weiter geht's

Den Teig auf das Backblech geben und glatt streichen. Etwa 15 Minuten goldbraun backen. Ein Küchentuch leicht befeuchten und ein Backpapier darauflegen. Den Biskuit aus dem Ofen nehmen und vorsichtig auf das Backpapier stürzen. Das Backpapier von der Oberseite des Teigs abziehen. Die Ränder abschneiden und vorsichtig von der langen Seite her mit dem Küchentuch einrollen. Kurz in den Kühlschrank zum Abkühlen legen.

Währenddessen das Maronenpüree mit Butter locker aufschlagen. Schokolade schmelzen, zu der Creme hinzugeben und gut vermengen. Den Biskuitteig entrollen und mit Maronenpüree bestreichen. Kuchenteig wieder einrollen und erneut kühlen.

Ganache cremig aufschlagen. Die Enden der Biskuitrolle schräg abschneiden und als Äste neben den Stamm auf dem Teller arrangieren. Die Rolle mit der Ganache bestreichen, sodass ein Rindenmuster entsteht. Bis zum Servieren kühlen.

Kurz vor dem Servieren mit etwas gehackten Pistazien als Moos, gezuckerten Cranberrys und kleinen Rosmarinzweigen dekorieren.

Wintertorte mit Mohn

Für 1 Torte

Für die Creme

- 125 g Quark
- 250 g Mascarpone
- ½ TL abgeriebene Bio-Zitronenschale
- 30 g Puderzucker
- 1 EL Vanillezucker
- 80 ml Sahne

Für die Böden

- 4 Eier (Größe M)
- 250 g Zucker
- 200 ml Öl
- 200 ml Orangensaft
- 300 g Mehl (Type 405)
- 200 g gemahlener Mohn
- 1 Pck. Backpulver
- 4 EL Erdbeerkonfitüre

Außerdem

- 3 Springformen (Ø 15 cm)
- ½ Granatapfel
- 50 g Zartbitterkuvertüre

Zubereitung

Quark, Mascarpone und Zitronenschale cremig rühren. 25 g Puderzucker sieben, mit Vanillezucker unterheben. Dann Sahne mit dem restlichen Puderzucker steif schlagen und unter die Masse ziehen. 1 Stunde kühl stellen.

Den Backofen auf 180 °C Ober- / Unterhitze vorheizen. Springformen einfetten und mit Mehl ausstäuben.

Für die Böden Eier mit Zucker cremig schlagen. Öl und Orangensaft dazugeben, alles verrühren. Mehl, Mohn und Backpulver mischen und unterrühren. Teig gleichmäßig auf die Formen verteilen, im Ofen 35–40 Minuten backen. Herausnehmen und abkühlen lassen.

2 Böden mit Erdbeerkonfitüre bestreichen. Untersten Boden zusätzlich mit einem Sechstel der Creme bestreichen, zweiten Boden daraufsetzen. Erneut mit einem Sechstel der Creme bestreichen, dritten Boden auflegen. Mit der restlichen Creme die Torte rundherum überziehen. Granatapfel entkernen und auf die Creme geben.

Kuvertüre hacken, im warmen Wasserbad schmelzen. Mit Hilfe eines Spritzbeutels 8–10 kleine Tannenbäume auf ein Backpapier zeichnen, zum Aushärten kühl legen.

Sobald die Kuvertüre hart ist, Bäumchen vorsichtig vom Backpapier lösen und seitlich auf die Creme kleben.

TIPP

Für die Tannenbäume vorher ein Muster auf Papier zeichnen und dieses zum Abmalen unter das Backpapier legen.

„Lamingtons“
KLEINE KOKOSTRÄUME

Ca. 50 Stück

FÜR DEN TEIG

- 85 ml Milch
- 3 EL Öl
- 3 Eier (Größe M)
- 250 g Zucker
- 1 TL gemahlene Vanille
- 375 g Mehl (Type 405)
- 1 ½ TL Backpulver
- ½ TL Salz

FÜR DEN SIRUP

- 375 g Zucker
- 2 EL Kakaopulver
- 1 ½ TL Butter
- Mark von 1 Vanilleschote

AUSSERDEM

- Quadratische Springform (22 x 22 cm)
- 200 g Kokosnussraspel

Zubereitung

Milch und Öl zusammen kochen. Abkühlen lassen. Backofen auf 180 °C Ober- / Unterhitze vorheizen und Form einfetten oder mit Backpapier auslegen.

Eier und Zucker leicht cremig schlagen. Vanille hinzufügen und umrühren. Mehl, Backpulver und Salz über die Ei-Mischung sieben. Milch-Öl-Mischung vorsichtig mit der anderen Masse mischen.

Teig in die Form geben und darauf achten, dass er gleichmäßig verteilt ist. Ca. 25 Minuten auf der mittleren Schiene backen. Herausnehmen und vollständig abkühlen lassen, am besten über Nacht (warmer, ofenfrischer Kuchen zerbröckelt leicht). Anschließend in Quadrate von etwa 3 x 3 cm schneiden.

Den Zucker, Kakao und 180 ml kochendes Wasser in einen Topf geben und mischen. Die Mischung bei mittlerer Hitze unter ständigem Rühren bis zum Siedepunkt erhitzen. 2 Minuten kochen lassen. Butter und Vanille dazugeben und die Hitze auf die kleinste Stufe stellen, damit der Sirup warm bleibt.

Kuchenwürfel in den Sirup tauchen und ein paar Minuten auf einem Gitterrost abtropfen lassen. Anschließend den Würfel in Kokosraspel wälzen. So mit allen Würfel verfahren und genießen.

Kokosnuss SCHNEEBÄLLE

Ca. 40 Stück

- 250 g weiche Butter
- 60 g Puderzucker
- Mark von ½ Vanilleschote
- 80 g Kokosnussraspel
- 1 ½ TL abgeriebene Bio-Limettenschale
- 280 g Mehl (Type 405)
- Salz
- 80 g Puderzucker zum Wälzen

Zubereitung

Die Butter in Stücke schneiden und mit den Schneebesen des Handrührgeräts oder der Küchenmaschine cremig-weiß rühren, dabei nach und nach den Puderzucker und zuletzt das Vanillemark unterrühren.

Kokosraspel und 1 TL Limettenschale mit 2 EL Mehl im Blitzhacker fein zermahlen, dann mit dem übrigen Mehl und 1 Prise Salz mischen und zügig mit einem Löffel unter die Butter-Zucker-Masse rühren. Den weichen Teig in Folie wickeln und 1 Stunde im Kühlschrank kühlen.

Den Backofen auf 175 °C Ober- / Unterhitze (160 °C Umluft) vorheizen. Mit einem Teelöffel jeweils etwas Teig abnehmen und daraus etwas mehr als walnussgroße Bällchen formen. Mit etwas Abstand zueinander auf ein mit Backpapier ausgelegtes Blech legen. Im heißen Ofen 12–15 Minuten backen. Herausnehmen und leicht abkühlen lassen.

Puderzucker zum Wälzen in ein Schälchen geben und mit übriger Limettenschale mischen. Die Bällchen noch leicht warm darin wenden, sodass der Puderzucker gut und reichlich daran haften bleibt. Auf einem Kuchengitter vollständig auskühlen lassen.

Merry
Christmas

Märchenstunde

Frau Holle

– BRÜDER GRIMM –

Eine Witwe hatte zwei Töchter, davon war die eine schön und fleißig, die andere hässlich und faul. Sie hatte aber die hässliche und faule, weil sie ihre rechte Tochter war, viel lieber, und die andere musste alle Arbeit tun und das Aschenputtel im Hause sein.

Das arme Mädchen musste sich täglich auf die große Straße bei einem Brunnen setzen und so viel spinnen, dass ihm das Blut aus den Fingern sprang. Nun trug es sich zu, dass die Spule einmal ganz blutig war, da bückte es sich damit in den Brunnen und wollte sie abwaschen; sie sprang ihm aber aus der Hand und fiel hinab. Es weinte, lief zur Stiefmutter und erzählte ihr das Unglück. Diese schalt es aber so heftig und war so unbarmherzig, dass sie sprach: »Hast du die Spule hinunterfallen lassen, so hol sie auch wieder herauf.« Da ging das Mädchen zu dem Brunnen zurück und wusste nicht, was es anfangen sollte; und in seiner Herzensangst sprang es in den Brunnen hinein, um die Spule zu holen. Es verlor die Besinnung, und als es erwachte und wieder zu sich selber kam, war es auf einer schönen Wiese, wo die Sonne schien und viele tausend Blumen standen. Auf der Wiese ging es fort und kam zu einem Backofen, der war voller Brot; das Brot aber rief: »Ach, zieh mich raus, zieh mich raus, sonst verbrenn ich: Ich bin schon längst ausgebacken.« Da trat es herzu und holte mit dem Brotschieber alles nacheinander heraus. Danach ging es weiter und kam zu einem Baum, der hing voll Äpfel, und rief ihm zu: »Ach, schüttle mich, schüttle mich, wir Äpfel sind alle miteinander reif.« Da schüttelte es den Baum, dass die Äpfel fielen, als regneten sie, und schüttelte, bis keiner mehr oben war; und als es alle in einen Haufen zusammengelegt hatte, ging es wieder weiter.

Endlich kam es zu einem kleinen Haus, daraus guckte eine alte Frau, weil sie aber so große Zähne hatte, ward ihm Angst, und es wollte fortlaufen. Die alte Frau aber rief ihm nach: »Was fürchtest du dich, liebes Kind? Bleib bei mir, wenn du alle Arbeit im Hause ordentlich tun willst, so soll dir's gut gehn. Du musst nur achtgeben, dass du mein Bett gut machst und es fleißig aufschüttelst, dass die Federn fliegen, dann schneit es in der Welt; ich bin die Frau Holle.« Weil die Alte ihm so gut zusprach, so fasste sich das Mädchen ein Herz, willigte ein und begab sich in ihren Dienst.

Es besorgte auch alles nach ihrer Zufriedenheit und schüttelte ihr das Bett immer gewaltig, auf dass die Federn wie Schneeflocken umherflogen; dafür hatte es auch ein gut Leben bei ihr, kein böses Wort und alle Tage Gesottenes und Gebratenes.

Nun war es eine Zeitlang bei der Frau Holle, da ward es traurig und wusste anfangs selbst nicht, was ihm fehlte. Endlich merkte es, dass es Heimweh war; obgleich es ihm hier vieltausendmal besser ging als zu Haus, so hatte es doch ein Verlangen dahin. Endlich sagte es zu ihr: »Ich habe den Jammer nach Haus gekriegt, und wenn es mir auch noch so gut hier unten geht, so kann ich doch nicht länger bleiben, ich muss wieder hinauf zu den Meinigen.« Die Frau Holle sagte: »Es gefällt mir, dass du wieder nach Haus verlangst, und weil du mir so treu gedient hast, so will ich dich selbst wieder hinaufbringen.« Sie nahm es darauf bei der Hand und führte es vor ein großes Tor. Das Tor ward aufgetan, und wie das Mädchen gerade darunter stand, fiel ein gewaltiger Goldregen, und alles Gold blieb an ihm hängen, sodass es über und über davon bedeckt war. »Das sollst du haben, weil du so fleißig gewesen bist«, sprach die Frau Holle und gab ihm auch die Spule wieder, die ihm in den Brunnen gefallen war. Darauf ward das Tor verschlossen, und das Mädchen befand sich oben auf der Welt, nicht weit von seiner Mutter Haus; und als es in den Hof kam, saß der Hahn auf dem Brunnen und rief: »Kikeriki, unsere goldene Jungfrau ist wieder hie.«

Da ging es hinein zu seiner Mutter, und weil es so mit Gold bedeckt ankam, ward es von ihr und der Schwester gut aufgenommen.

Das Mädchen erzählte alles, was ihm begegnet war, und als die Mutter hörte, wie es zu dem großen Reichtum gekommen war, wollte sie der andern, hässlichen und faulen Tochter gerne dasselbe Glück verschaffen. Sie musste sich an den Brunnen setzen und spinnen; und damit ihre Spule blutig ward, stach sie sich in die Finger und stieß sich die Hand in die Dornhecke. Dann warf sie die Spule in den Brunnen und sprang selber hinein. Sie kam, wie die andere, auf die schöne Wiese und ging auf demselben Pfade weiter. Als sie zu dem Backofen gelangte, schrie das Brot wieder: »Ach, zieh mich raus, zieh mich raus, sonst verbrenn ich, ich bin schon längst ausgebacken.« Die Faule aber antwortete: »Da hätt ich Lust, mich schmutzig zu machen«, und ging fort. Bald kam sie zu dem Apfelbaum, der rief: »Ach, schüttle mich, schüttle mich, wir Äpfel sind alle miteinander reif.« Sie antwortete aber: »Du kommst mir recht, es könnte mir einer auf den Kopf fallen«, und ging damit weiter. Als sie vor der Frau Holle Haus kam, fürchtete sie sich nicht, weil sie

»KIKERIKI, UNSERE GOLDENE JUNGFRAU IST WIEDER HIE.«

von ihren großen Zähnen schon gehört hatte, und verdingte sich gleich bei ihr. Am ersten Tag gab sie sich größte Mühe, war fleißig und folgte der Frau Holle, wenn sie ihr etwas sagte, denn sie dachte an das viele Gold, das sie ihr schenken würde; am zweiten Tag aber fing sie schon an zu faulenzen, am dritten noch mehr, da wollte sie morgens gar nicht aufstehen. Sie machte auch der Frau Holle das Bett nicht, wie sich's gebührte, und schüttelte es nicht, dass die Federn aufflogen. Das ward die Frau Holle bald müde und sagte ihr den Dienst auf. Die Faule war zufrieden und meinte, nun würde der Goldregen kommen; die Frau Holle führte sie auch zu dem Tor, als sie aber darunter stand, ward statt des Goldes ein großer Kessel voll Pech ausgeschüttet. »Das ist zur Belohnung deiner Dienste,« sagte die Frau Holle und schloss das Tor zu. Da kam die Faule heim, aber sie war ganz mit Pech bedeckt, und der Hahn auf dem Brunnen, als er sie sah, rief: »Kikeriki, unsere schmutzige Jungfrau ist wieder hie.«

Das Pech aber blieb fest an ihr hängen und wollte, solange sie lebte, nicht abgehen.

„Hertzoggies"

HERZOG-KEKSE

12 Stück

FÜR DEN TEIG

- 240 g Mehl (Type 405)
- 2 TL Backpulver
- 150 g Zucker
- Salz
- 120 g Butter
- 3 Eigelb

FÜR DIE KOKOSNUSS-MERINGUE

- 2 Eiweiße (Größe L)
- 200 g Zucker
- 1 TL Vanilleessenz
- 300 g Kokosnussraspeln

AUSSERDEM

- 150 ml Marillenkonfitüre (alternativ Aprikosen-konfitüre)

Zubereitung

Den Backofen auf 180 °C Ober- / Unterhitze vorheizen und Muffinform einfetten.

Mehl, Backpulver, Zucker und 1 Prise Salz in eine große Rührschüssel sieben. Butter in kleine Würfel schneiden. Mit den Fingerspitzen die Butter in das Mehl einreiben, bis es krümelig und bröselig ist. Nun Eigelb und einen Schuss kaltes Wasser hinzufügen, verrühren und den Teig auf eine saubere, bemehlte Arbeitsfläche setzen. Den Teig glatt kneten. In der Rührschüssel abgedeckt ca. 20 Minuten im Kühlschrank ruhen lassen.

Das Eiweiß zu weichen Spitzen schlagen, dann langsam Zucker und Vanilleessenz unter ständigem Schlagen dazugeben. Kokosraspeln unterheben und beiseitestellen.

Auf einer leicht bemehlten Oberfläche den Teig ausrollen, bis er ca. 5 mm dick ist. Mit einer runden Ausstechform (oder einer Tasse) Teigkreise (Ø 4–5 cm) ausstechen. Die Teigkreise in die Muffinform drücken. Nun 1 EL Konfitüre auf jedes Gebäck geben und die Kokosnuss-Meringue mit einem Spritzbeutel darüber spritzen.

Die Törtchen in den vorgeheizten Ofen geben und 20–25 Minuten goldbraun backen, etwas abkühlen lassen und dann vorsichtig vom Blech auf ein Gitterrost heben.

TIPP

In einem luftdichten Behälter aufbewahren. Sie halten ungefähr eine Woche lang.

Knusprige Schokospitzen

Ca. 20 Stück

Für die Böden

- 100 g Mehl (Type 405)
- 40 g Butter – 30 g Zucker
- ¾ TL Backpulver
- Mark von 1 Vanilleschote
- 3–4 Tropfen Rum-Aroma
- 2 EL Milch

Für die Creme

- 100 g Zartbitterschokolade
- 1 Pck. Schokoladen-puddingpulver
- 500 ml Milch
- 40 g Zucker
- 200 g Butter – 2 EL Rum
- 2 EL Backkakao
- 150 g Kuchenreste
- 80 g gehackte und geröstete Mandeln

Außerdem

- 500 g Zartbitterkuvertüre
- 20 g gehackte und geröstete Mandeln

Zubereitung

Ein Backblech mit Backpapier auslegen. Den Backofen auf 180 °C Ober-/Unterhitze vorheizen. Für den Mürbeteig alle Zutaten in eine Schüssel geben und erst mit den Knethaken des Handrührgeräts und dann mit den Händen zu einem geschmeidigen Mürbeteig verkneten. Eine saubere Arbeitsfläche mit etwas Mehl bestreuen und den Mürbeteig darauf dünn ausrollen. Mit einem runden Ausstecher Kreise ausstechen und auf dem Backblech verteilen. Im heißen Ofen rund 12 Minuten backen, anschließend herausnehmen und auskühlen lassen.

Inzwischen für die Buttercreme den Schokoladenpudding zubereiten. Hierzu die Zartbitterschokolade im heißen Wasserbad schmelzen. Das Puddingpulver mit 8 EL Milch und dem Zucker glatt rühren. Die restliche Milch zum Kochen bringen. Den Topf vom Herd nehmen und das Puddingpulver einrühren. Unter Rühren etwa 1 Minute köcheln lassen. Schokolade unterrühren. Pudding umfüllen und die Oberfläche sofort mit Frischhaltefolie bedecken. Abkühlen lassen.

Weiter geht's auf der nächsten Seite! →

TIPP

Sollte die Buttercreme bei der Herstellung gerinnen, kann man die Masse in ein heißes Wasserbad geben und zaghaft rühren. Dadurch sollte sich die Masse wieder richtig verbinden.

Weiter geht's

Die Butter weich werden lassen. Pudding und Butter müssen für die Weiterverarbeitung dieselbe Temperatur haben, damit die Buttercreme nicht gerinnt. Butter schaumig schlagen. Esslöffelweise den Pudding hinzugeben und gut einarbeiten. Rum und Kakao unterrühren. Zum Schluss die Kuchenreste zerkleinern und mit den Mandeln unter die Creme heben. Etwa 30 Minuten kühl stellen.

Buttercreme in einen Spritzbeutel mit etwas größerer Lochtülle geben und auf jeden Mürbeteigboden spitz zulaufend etwas von der Creme spritzen. Erneut etwa 30 Minuten kühl stellen.

Inzwischen die Zartbitterkuvertüre im heißen Wasserbad oder der Mikrowelle schmelzen. Ein kleines, tiefes Gefäß unterstellen. Jeweils eine Schokospitze auf eine Gabel setzen und mit der Kuvertüre übergießen. Auf ein Kuchengitter oder auf Backpapier setzen, mit den gerösteten, gehackten Mandeln verzieren und trocknen lassen. Kühl lagern.

3

KLING, GLÖCKCHEN, KLINGELIN- GELING …

… hallt es durch die stille Nacht, und da rieseln auf einmal die Sterne vom Himmel und waren lauter glänzende Taler, die einen Hauch von Vanille, Zimt und Orange versprühten.

Festliche ORANGENHIPPEN

Ca. 50 Stück

- 100 g Butter
- 180 g Zucker
- 1 Bio-Orange
- 1 Bio-Zitrone
- 80 g Mehl (Type 405)
- 1 TL Zimt

TIPP

Wenn die Kekse zum Eindrehen zu fest geworden sind, einfach einige Sekunden in den auskühlenden Ofen geben, dann werden sie wieder geschmeidig.

Zubereitung

Butter in einem Topf zerlassen, auf Zimmertemperatur abkühlen lassen. 150 g Zucker dazugeben und mit dem Handrührgerät in 5 Minuten schaumig schlagen. Schale von Orange und Zitrone fein abreiben, Saft auspressen, alles unter den Teig rühren.

Mehl darübersieben und mit dem Handrührgerät unterrühren. Den Teig abgedeckt über Nacht kalt stellen. Zimt und restlichen Zucker vermischen.

Den Backofen auf 180 °C Ober- / Unterhitze vorheizen. Zwei Backbleche mit Backpapier auslegen. Für jedes Röllchen 1 Teelöffel voll Teig auf ein Backblech setzen, zu einer leicht ovalen Form verstreichen; zwischen den Ovalen 5 cm Abstand lassen. 10 Minuten backen, aus dem Ofen nehmen, 1 Minute ruhen lassen.

Jeden Keks über dem Stiel eines Holzkochlöffels zu einem Röllchen eindrehen. Mit etwas Zimtzucker bestreuen und beiseitestellen.

Weihnachts SPITZBUBEN

Ca. 25 Stück

- 200 g weiche Butter
- 125 g Zucker
- 1 Ei (Größe M)
- 350 g Mehl (Type 405)
- 2 EL gemahlene Mandeln
- 200 ml Aprikosen-konfitüre

Zubereitung

Butter und Zucker mit dem Handrührgerät schaumig schlagen, das Ei einrühren.

Das Mehl mit den Mandeln mischen und unterrühren. Mit den Händen oder dem Knethaken des Handrührgeräts zu einem glatten Teig verarbeiten, diesen in Frischhaltefolie wickeln und 1 Stunde kalt stellen.

Den Backofen auf 170 °C Ober- / Unterhitze vorheizen. Zwei Backbleche mit Backpapier auslegen. Die Hälfte des Teigs zwischen Frischhaltefolie 3 mm dick ausrollen. Mit einem Spitzbubenausstecher große Kreise ausstechen, davon die Hälfte (als »Deckel«) mit einem kleinen Sternchen in der Mitte. Alle auf die Backbleche legen, im Ofen 10 Minuten backen.

Die fertig gebackenen Kekse herausnehmen, auskühlen lassen. Die ganzen Kreise mit Aprikosenkonfitüre bestreichen, die Kreise mit der ausgestochenen Mitte darauflegen und vorsichtig andrücken.

TIPP

Hübsch sieht es aus,
wenn Sie die Spitzbuben mit
Puderzucker bestäuben.

Traditioneller Christstollen

1 Stollen

Für die Füllung

- 150 g getrocknete Datteln
- 75 g getrocknete Feigen
- 50 g geschälte Mandeln
- 50 g Haselnusskerne
- 50 g Rosinen
- 7 EL Mandellikör

Für den Teig

- 500 g Mehl (Type 405)
- 5 g Stollengewürz
- ½ TL Salz
- 150 ml Milch
- 1 Würfel frische Hefe
- 50 g Zucker
- 150 g weiche Butter

Außerdem

- 50 g Butter
- Puderzucker

Zubereitung

Für die Füllung Datteln, Feigen, Mandeln und Haselnüsse klein schneiden bzw. hacken. Mit Rosinen, Mandellikör und 5 Esslöffeln Wasser mischen und mindestens 2 Stunden, besser über Nacht, ziehen lassen. In einem Sieb gut abtropfen lassen.

Für den Hefeteig Mehl mit Gewürz und Salz mischen. Milch lauwarm erhitzen. Eine Mulde in das Mehl drücken und die Hefe hineinbröckeln. Etwas Zucker darauf verteilen und etwa 5 Esslöffel Milch hinzugeben. Mit einem dünnen Stab vorsichtig verrühren, bis die Hefe sich aufgelöst hat. Dabei etwas Mehl untermischen. Den Vorteig abgedeckt an einem warmen Ort rund 15 Minuten gehen lassen, bis er deutlich Blasen wirft.

Restlichen Zucker, restliche Milch und die weiche Butter in Stücken zum Vorteig geben und mit den Knethaken der Küchenmaschine oder des Handrührgeräts etwa 8 Minuten zu einem glatten und geschmeidigen Hefeteig verkneten. Abgedeckt an einem warmen Ort 1 Stunde gehen lassen. Der Teig sollte deutlich an Volumen zugenommen haben.

Weiter geht's
auf der nächsten Seite! ⟶

Weiter geht's

Den Hefeteig erneut durchkneten. Füllung hinzugeben und einarbeiten. Den Teig erneut etwa 1 Stunde gehen lassen, bis er wieder deutlich an Volumen gewonnen hat.

Inzwischen ein Backblech mit Backpapier auslegen. Den Backofen auf 175 °C Ober- / Unterhitze vorheizen.

Teig auf einer leicht bemehlten Arbeitsfläche zu einem Laib formen. Mit einem Nudelholz längs mittig eine Mulde in den Teig drücken – dabei das Nudelholz vor und zurück bewegen, bis ein Rechteck mit leicht abgerundeten Kanten entsteht, bei dem die Enden der längeren Seiten etwas dicker sind. Nun die eine Teighälfte längs so auf die andere legen, dass diese nicht ganz bedeckt ist. Zwischen den dickeren Teigenden auf der einen Seite und dem gegenüberliegenden dünneren Ende mit der Hand eine Mulde eindrücken, sodass die typische Stollenform entsteht. Die seitlichen Enden etwas unterschlagen und rund formen. Den Christstollen auf das vorbereitete Backblech legen und im heißen Ofen etwa 50 Minuten backen.

Kurz vor Ende der Backzeit 50 g Butter schmelzen. Stollen aus dem Ofen nehmen und mit der Butter bestreichen. Mit der Hälfte des Puderzuckers bestäuben. Christstollen vollständig auskühlen lassen und dann mit dem restlichen Puderzucker bedecken.

TIPP

Der Christtollen wird noch besser, wenn er etwas Zeit hat durchzuziehen. Dazu einfach gut in Alufolie wickeln und an einem kühlen Ort lagern. So hält er sich einige Wochen.

»Kanelbullar«
– Schwedische – Zimtschnecken

Ca. 15 Stück

FÜR DEN TEIG

- 250 ml Vollmilch
- 100 g Butter
- 1 Pck. Trockenhefe
- 500 g Mehl (Type 405)
- 80 g Zucker
- 1 Ei (Größe M)

FÜR DIE FÜLLUNG

- 100 g Butter
- 2 TL gemahlener Zimt
- 100 g Walnusskerne

FÜR DEN GUSS

- 100 g Puderzucker

Zubereitung

Die Milch in einem Topf erwärmen, die Butter bei leichter Hitze darin auflösen. Etwas stehen lassen, bis die Flüssigkeit handwarm ist. Die Hefe einstreuen, 10 Minuten gehen lassen, bis sie schäumt.

Das Mehl in eine große Schüssel füllen, die Milchmischung unterrühren, Zucker und Ei hinzufügen und mit dem Knethaken 5 Minuten zu einem glatten Teig verarbeiten. Den Teig mit Frischhaltefolie abdecken und an einem warmen Ort 2 Stunden auf das Doppelte aufgehen lassen.

Den Backofen auf 180 °C Ober- / Unterhitze vorheizen. Ein Blech mit Backpapier auslegen. Den Teig zwischen Frischhaltefolie zu einem Rechteck (30 x 40 cm) ausrollen. Die Butter in einem ofenfesten Topf im aufheizenden Ofen zerlassen. Die Hälfte davon mit dem Zimt verrühren und den Teig damit bestreichen. Die Walnusskerne darüberstreuen. Den Teig aufrollen und die Rolle in 15 Stücke schneiden. Die Zimtschnecken mit der Schnittfläche nach oben auf das Backblech legen, mit der restlichen Butter bestreichen und im Ofen in 30 Minuten goldbraun backen. Herausnehmen und etwas abkühlen lassen.

Den Puderzucker mit 1 Esslöffel Wasser zu einem zähflüssigen Guss verrühren und die abgekühlten Zimtschnecken damit bestreichen.

MÄRCHENSTUNDE

Der Tannenbaum

– HANS CHRISTIAN ANDERSEN –

Draußen im Wald stand ein niedlicher Tannenbaum. Er hatte einen guten Platz, viel Sonne, und frische Luft gab es genug. Aber der kleine Tannenbaum war so erpicht auf das Wachsen. Er dachte nicht an die Sonne und die frische Luft, er kümmerte sich nicht um die Bauernkinder, die um ihn herumsprangen.

Im Jahr danach war er ein langes Ende höher und im Jahr danach wieder um ein noch viel längeres. »Oh, wäre ich doch ein großer Baum wie die andern!«, seufzte der kleine Baum. »Dann könnte ich meine Zweige so weit im Umkreis ausbreiten und mit dem Wipfel in die weite Welt hinaussehen, und wenn der Wind wehte, könnte ich so vornehm nicken!« Oh, wachsen, wachsen, groß und alt werden, das war doch das einzig Schöne in dieser Welt, dachte der Baum.

Im Herbst kamen immer Holzhauer und fällten einige der größten Bäume; der junge Tannenbaum fragte sich aufgeregt: Wo sollten sie hin? Was stand ihnen bevor? Im Frühling, als der Storch kam, fragte der Baum: »Weißt du nicht, wo sie hingeführt wurden? Bist du ihnen begegnet?« Der Storch sah nachdenklich aus, nickte mit dem Kopfe und sagte: »Ja, ich glaube wohl! Ich begegnete manchem Schiff, als ich von Ägypten herflog; auf den Schiffen waren prächtige Mastbäume; sie rochen nach Tanne!« Da träumte der kleine Baum davon groß genug zu sein, um auch über das Meer hin fliegen zu können.

Wenn die Weihnachtszeit kam, dann wurden ganz junge Bäume gefällt. Sie wurden auf die Wagen gelegt, und Pferde zogen sie fort aus dem Wald. »Wohin sollen sie?«, fragte der Tannenbaum. »Sie sind nicht größer als ich, da war sogar einer, der viel kleiner war; Wo fuhren sie hin?« »Oh, sie kommen zu dem größten Glanz und der größten Herrlichkeit, die man denken kann!«, zwitscherten die Sperlinge. »Wir haben in der Stadt bei den Fenstern hineingeguckt und gesehen, dass sie in der warmen Stube mit den schönsten Dingen geputzt wurden, mit vergoldeten Äpfeln, Honigkuchen, Spielzeug und vielen hundert Lichtern!« Der Tannenbaum zitterte an allen Zweigen und jubelte: »Das ist noch besser, als über das Meer zu fahren! Wie ich mich sehne! Wäre es doch Weihnachten! Wäre ich doch in der warmen Stube mit all der Pracht und Herrlichkeit! Und dann kommt sicher etwas noch Schöneres, noch Herrlicheres – weshalb sollten sie mich sonst so schmücken!«

Zur nächsten Weihnachtszeit wurde er als erster von allen gefällt und kam in einem Hof wieder zu sich, als er einen Mann sagen hörte: »Der ist prächtig!« Zwei Diener in vollem Staat trugen den Tannenbaum in einen großen schönen Saal hinein. Der Tannenbaum wurde in ein großes Fass voll Sand gestellt. Was würde noch geschehen? Sowohl Diener wie Fräuleins gingen und schmückten ihn. Auf die Zweige hängten sie kleine Netze, ausgeschnitten aus buntem Papier. Jedes Netz war mit Zuckerzeug gefüllt; vergoldete Äpfel und Walnüsse hingen, als wären sie festgewachsen, und über hundert rote, blaue und weiße Lichtchen wurden an den Zweigen festgesteckt. Und in den Wipfel wurde ein großer Stern aus Flittergold gesetzt; das war unvergleichlich prächtig.

»NUN WERDE ICH LEBEN!«, JUBELTE ER

»Heute Abend«, sagten sie alle, »heute Abend soll er strahlen!« »Oh!«, dachte der Baum, »wäre es doch Abend! Wären nur die Lichter bald angezündet! Oh, was wohl dann geschieht? Ob dann die Bäume aus dem Walde kommen und mich ansehen? Ob ich hier festwachse und Winter und Sommer geschmückt stehe?« Nun wurden die Lichter angezündet. Welcher Glanz, welche Pracht! Der Tannenbaum stand ganz still und gedankenvoll, niemals hatten die Vögel draußen im Wald so etwas erzählt. Und der Baum stand still und gedankenvoll die ganze Nacht.

Am Morgen kamen Burschen und Mädchen herein. »Nun beginnt der Staat wieder!«, dachte der Baum, aber sie schleppten ihn aus der Stube, hinauf auf den Speicher. In einer dunklen Ecke stellten sie ihn hin. »Was soll das bedeuten?«, dachte der Baum. »Was habe ich wohl hier zu tun?« Und er lehnte sich gegen die Mauer und stand und dachte und dachte.

»Nun ist es Winter draußen!«, dachte der Baum. »Die Erde ist hart und mit Schnee bedeckt. Die Menschen können mich nicht einpflanzen; deshalb soll ich wohl hier im Schutz stehen bis zum Frühling! Wie ist das wohlbedacht! Wäre es hier nur nicht so dunkel und so schrecklich einsam! Das war doch so hübsch draußen im Wald, wenn der Schnee lag und der Hase vorbeisprang. Hier oben ist es doch schrecklich einsam.«

»Pi! Pi!« sagte eine kleine Maus in diesem Augenblick und schlüpfte hervor; und dann kam noch eine kleine. Sie schnüffelten am Tannenbaum und glitten zwischen den Zweigen auf ihm herum. »Wo kommst du her?« fragten die Mäuse. »Und was weißt du?« Sie waren so schrecklich neugierig. »Erzähl' uns doch von dem schönsten Ort der Welt!« »Den Wald kenne ich!«, sagte der Baum. »Wo die Sonne scheint und die Vögel singen!« Und dann erzählte er alles von seiner Jugend, und die kleinen Mäuse hatten nie zuvor so etwas gehört und sagten: »Nein, wie viel hast du gesehen! Wie glücklich warst du!« – und dann erzählte er noch vom Weihnachtsabend, als er mit Kuchen und Lichtern geschmückt worden war.

In der nächsten Nacht kamen die Mäuse mit vier kleinen Mäusen, die den Baum erzählen hören sollten. Je mehr er erzählte, desto deutlicher erinnerte er sich und dachte: »Es waren doch ganz vergnügte Zeiten!« Die kleinen Mäuse blieben zuletzt jedoch fort, und dann seufzte der Baum: »Das war doch ganz hübsch, als sie um mich herumsaßen und hörten, was ich erzählte! Nun ist das auch vorbei! Aber ich werde daran denken, mich zu freuen, wenn ich nun wieder hervorgeholt werde!« Aber wann geschah das? – Ja doch! Eines Morgens kamen Leute und räumten auf dem Speicher auf. Die Kasten wurden weggehoben, der Baum hervorgezogen; sie warfen ihn freilich etwas hart auf den Boden, aber gleich schleppte ein Bursche ihn zur Treppe hin.

»Nun beginnt wieder das Leben!«, dachte der Baum; er fühlte die frische Luft, die ersten Sonnenstrahlen. Und nun war er draußen im Hof, der stieß an einen Garten, und alles blühte darin; Rosen hingen da so frisch und duftend, und die Schwalben flogen umher. »Nun werde ich leben!«, jubelte er und breitete seine Zweige weit aus; aber ach, sie waren alle vertrocknet und gelb; so lag er da, der Goldpapierstern saß noch oben an der Spitze und schimmerte im hellsten Sonnenschein. »Seht, was da noch auf dem hässlichen alten Weihnachtsbaum sitzt!«, sagte ein Junge und trampelte auf die Zweige, sodass sie unter seinen Stiefeln knackten. Und der Baum sah auf all die Blumenpracht und Frische im Garten, er dachte an seine frische Jugend im Wald, an den lustigen Weihnachtsabend und an die kleinen Mäuse. »Vorbei! Vorbei!«, sagte der arme Baum. Und der Hausknecht kam und hackte den Baum in kleine Stücke, diese schürte er unter den großen Braukessel – und dann war der Baum verbrannt.

Die Jungen spielten im Hof, und der Kleinste hatte den Goldstern auf der Brust, den der Baum an seinem glücklichsten Abend getragen hatte. Nun war der vorbei, und der Baum war vorbei und die Geschichte auch! Vorbei, vorbei, und so geht es mit allen Geschichten!

Dänische Butterkekse

Ca. 30 Stück

- 250 g Butter
- je 50 g rote und grüne Belegkirschen
- 280 g Zucker
- 3 EL Sahne
- 380 g Mehl (Type 405)
- Salz
- gemahlener Kardamom

Zubereitung

Die Butter in Stücke schneiden und in einem kleinen Topf schmelzen lassen, bis sie leicht bräunt. Vom Herd nehmen, in die Rührschüssel gießen und leicht abkühlen lassen. Inzwischen die Belegkirschen halbieren oder vierteln.

200 g Zucker nach und nach unter Rühren mit den Schneebesen der Küchenmaschine oder des Handrührgeräts in die flüssige Butter einrieseln lassen. So lange rühren, bis alles schaumig dick ist. Sahne unterrühren, dann das Mehl, 1 Prise Salz, 2 Messerspitzen Kardamom und die Belegkirschen zugeben und zügig zu einem glatten Teig zusammenkneten.

Teig in 2 Portionen teilen und auf einer leicht bemehlten Arbeitsfläche zu zwei Rollen (à 4 cm Durchmesser) formen. Die Rollen in dem übrigen Zucker wenden, den Zucker leicht andrücken, anschließend die Rollen in Folie wickeln und 12 Stunden (über Nacht) kühlen.

Am nächsten Tag den Backofen auf 200 °C Ober- / Unterhitze (180 °C Umluft) vorheizen. Die Rollen jeweils in etwa 5 mm dicke Scheiben schneiden und diese mit Abstand zueinander auf mit Backpapier ausgelegte Bleche legen. Im heißen Ofen 10–12 Minuten hellbraun backen. Herausnehmen, kurz abkühlen, dann auf dem Kuchengitter vollständig auskühlen lassen.

Himmlisch-zarte ZIMTSTERNE

Ca. 90 Stück

- 250 g Puderzucker
- 3 Eiweiß (Größe M)
- Salz
- 3 TL gemahlener Zimt
- 350 g gemahlene Mandeln
- 1 TL Kirschwasser

TIPP

Um Eiweiß steif zu bekommen, am besten die Schüssel vorher mit ein wenig Zitronensaft oder Essig entfetten!

Zubereitung

Puderzucker in eine Schüssel sieben und beiseitestellen. In einer weiteren Schüssel Eiweiß mit einer Prise Salz dickflüssig schlagen. Währenddessen den Puderzucker einrieseln lassen. Von der Eischnee-Masse 6 EL abnehmen und zum Glasieren aufheben.

Mandeln mit Zimt vermengen und mit dem Kirschwasser unter die größere Menge Eischnee-Masse heben. Den fertigen Teig in Frischhaltefolie einwickeln und etwa 1 Stunde oder über Nacht in den Kühlschrank stellen.

Den Backofen auf 125 °C Umluft vorheizen. Den Teig anschließend auf einer bemehlten Arbeitsfläche ausrollen und Sterne mit dem Keksausstecher ausstechen. Die Sterne nun auf das mit Backpapier ausgelegte Backblech legen.

Einen Tropfen Eischnee-Masse als Glasur mit einem kleinen Löffelchen auf jeweils einen Stern geben und anschließend mit einem Zahnstocher über den ganzen Stern verteilen. Die Sterne im Ofen für etwa 11–12 Minuten backen. Darauf achten, dass die Eiweiß-Glasur nicht gelblich wird! Abkühlen lassen und servieren.

Spekulatius mit feinen Gewürzen

Ca. 50 Stück

- 250 g Mehl (Type 405)
- 2 TL gemahlener Zimt
- 1 TL gemahlener Ingwer
- ½ TL gemahlener Kardamom
- Gemahlene Nelken
- Gemahlener Muskat
- Weißer Pfeffer
- Gemahlener Anis
- Salz
- Natron
- 110 g Butter
- 120 g brauner Zucker
- 1 Ei (Größe M)

Zubereitung

Mehl mit Zimt, Ingwer, Kardamom und je einer Prise Nelken, Muskat, Pfeffer, Anis, Salz und Natron in einer Schüssel vermengen. Butter in Würfel schneiden.

In einer weiteren Schüssel Zucker und Ei etwa 2 Minuten lang hell cremig schlagen. Unter langsamem Rühren das Mehl mit der Butter dazugeben und zu einem Teig verkneten. Weiterrühren, bis der Teig homogen wird. Den Teig nun in Frischhaltefolie wickeln und mindestens 1 Stunde oder über Nacht in den Kühlschrank legen.

Die Hälfte des Teigs herausnehmen. Immer einen kleinen Teil wegnehmen und mit den Fingern weich kneten. Die Holzförmchen mit etwas Speisestärke bestäuben. Den Teig in die Form drücken und den überstehenden Teig wegschneiden. Nun den Teig vorsichtig aus dem Förmchen lösen. Es hilft, das Förmchen von allen Seiten ein wenig auf die Arbeitsfläche zu klopfen.

Die vorgeformten Kekse auf ein mit Backpapier ausgelegtes Backblech legen. Wenn alle Kekse fertig sind, erneut für einige Stunden oder über Nacht im Kühlschrank kühlen, damit die Form beim Backen hält.

Den Backofen auf 170 °C Umluft vorheizen. Die Spekulatius anschließend für etwa 10–12 Minuten goldbraun backen. Abkühlen lassen.

TIPP

Wer keine Spekulatius-Förmchen hat, kann den Teig nach Belieben ausstechen.

4

VON DRAUSS' VOM WALDE KOMM ICH HER ...

... ich muss euch sagen, es weihnachtet sehr.
All überall auf den Tannenspitzen, sah ich goldene
Lichtlein sitzen. Nun bring ich euch von meiner
Reise die leckersten Kuchen und süße Speise mit
in die weiße, feine Winterzeit.

Gewürz Dattel-Hermits

Ca. 35 Stück

- 120 g getrocknete Datteln (ohne Stein)
- 100 g Pekan- oder Walnusskerne
- 120 g (Rum-)Rosinen
- 125 g weiche Butter
- 200 g Zucker
- 2 Eier (Größe L)
- 200 g Mehl (Type 405)
- 1 TL Natron
- ¾ TL gemahlener Zimt
- 1 ½ TL Lebkuchengewürz
- 1 EL Zuckerrohr-Melasse

Zubereitung

Die Datteln von den Kernen befreien und grob hacken. Pekan- oder Walnüsse ebenfalls grob hacken. Die Rumrosinen leicht abtropfen lassen.

Den Backofen auf 175 °C Ober-/Unterhitze (160 °C Umluft) vorheizen. Butter mit den Schneebesen der Küchenmaschine oder des Handrührgeräts cremig-weiß rühren, dabei nach und nach den Zucker einrieseln lassen. Die Eier einzeln zugeben und jeweils gründlich unterrühren, bis eine cremig-dickliche Masse entstanden ist.

Inzwischen Mehl, Natron, Gewürze, Nüsse, Datteln und Rosinen mischen. Die Melasse unter die Eier-Butter-Masse rühren, dann die Mehlmischung mit einem Löffel ebenfalls zügig unterrühren.

Mit einem Esslöffel jeweils etwas Teig abnehmen, leicht rund formen und die Hermits mit reichlich Abstand zueinander auf mit Backpapier ausgelegte Bleche legen. Im heißen Ofen 10–12 Minuten backen. Die Cookies sollten außen fest, innen aber noch weich sein. Aus dem Ofen nehmen, leicht abkühlen lassen, dann auf Kuchengittern vollständig abkühlen lassen.

TIPP

Bereitet man die Plätzchen wie beschrieben zu, kommen kleine Häufchen aus dem Ofen. Wer runde, eher gleichmäßige Cookies bevorzugt, sollte die Teigbällchen auf dem Blech 30 Minuten kühlen und anschließend vor dem Backen leicht platt drücken.

Tannenbaum MARMORKUCHEN

1 Gugelhupf

- 280 g Butter
- 150 g Zucker
- 6 Eier (Größe M)
- 200 g Marzipan
- 150 g Saure Sahne
- 350 g Mehl (Type 405)
- 1 TL Backpulver
- 50 g gehackte Mandeln
- 3 EL Rum
- 3 EL Kakaopulver

AUSSERDEM

- Tannenbaum-Gugelhupf-Form (Ø 20 cm)

Zubereitung

Den Backofen auf 170 °C Umluft vorheizen und eine Gugelhupf-Form einfetten.

Butter mit 100 g Zucker in einer großen Rührschüssel cremig schlagen. Eier trennen und das Eigelb nach und nach während des Rührens zur Buttermasse hinzugeben.

Das Marzipan in kleine Stücke schneiden oder zupfen und ebenfalls während des Rührens zur Teigmasse hinzugeben. Zu einem geschmeidigen Teig verrühren. Währenddessen das Eiweiß mit 50 g Zucker steif schlagen.

Zum Schluss die saure Sahne zum Teig hinzugeben und vermengen. Mehl mit Backpulver vermengen. Anschließend das Mehl und das Eiweiß portionsweise langsam unter den Teig heben.

Die Hälfte des Teigs nun in die Gugelhupf-Form geben. In die andere Hälfte die Mandeln, den Rum und den Kakao geben und gut vermengen. Anschließend die Form mit Teig füllen. Mit einer Gabel oder einem Holzspieß den Teig verwirbeln.

Den Kuchen etwa 40–45 Minuten backen, bis ein in den Kuchen gestecktes Holzstäbchen trocken herausgezogen werden kann. Abkühlen lassen. Anschließend aus der Form stürzen und mit Puderzucker bestäuben.

TIPP

Wer keine Tannenbaum-Form besitzt, kann diesen Kuchen auch in jeder beliebigen Gugelhupf-Form backen!

Süße Lebkuchenmännchen

Ca. 40 Stück

- 120 g Zucker
- 100 ml Zuckerrohr-Melasse
- 1 ½ TL gemahlener Ingwer
- 1 TL gemahlener Zimt
- je 2 gute Prisen gemahlene Nelken und Muskatblüte (Macis)
- 1 TL Natron
- 125 g kalte Butter
- 1 Ei (Größe M)
- 350 g Mehl (Type 405)
- 80 g Puderzucker
- 1 ½ TL Zitronensaft

Zubereitung

Den Zucker und die Melasse in einem Topf erhitzen, bis der Zucker geschmolzen ist. Die Gewürze und das Natron unterrühren. Die Butter in Stücke schneiden, dazugeben und rühren, bis sich alles gut verbunden hat. Die Masse lauwarm abkühlen lassen. Dann erst das Ei gründlich unterrühren, portionsweise das Mehl zugeben und jeweils gründlich unterrühren. Den Teig abkühlen lassen, in Folie wickeln und über Nacht im Kühlschrank kühlen.

Am nächsten Tag den Teig vierteln oder halbieren und portionsweise auf einer bemehlten Arbeitsfläche etwa 4 mm dick ausrollen. Mit Ausstechern ausstechen und die Plätzchen mit etwas Abstand zueinander auf mit Backpapier ausgelegte Bleche legen.

Den Backofen auf 200 °C Ober-/Unterhitze (180 °C Umluft) vorheizen und die Plätzchen darin 8–10 Minuten hellbraun backen. Herausnehmen, erst kurz auf dem Blech, dann auf einem Kuchengitter auskühlen lassen.

Puderzucker und Zitronensaft glatt verrühren und in eine kleine Spritzdekorflasche oder -beutel füllen. Die Plätzchen damit verzieren: Gesicht, Kleidung und Knöpfe aufspritzen. Auf ein Kuchengitter legen und trocknen lassen.

TIPP

Wer will, kann die Keksfigürchen natürlich noch richtig schick ausstaffieren: Dazu Guss mit Lebensmittelfarbe einfärben und »Knöpfe« oder »Schmuck« mit Liebesperlen oder Schokolinsen aufkleben.

Schoko Tannenzapfen

7 Stück

- Schoko-Cornflakes
- 120 g feine Erdnusscreme
- 60 g Nougatcreme
- 45 g Butter
- 140 g Puderzucker
- 7 dicke, kurze Salzstangen (alternativ 14 dünne)
- Puderzucker

Zubereitung

Schoko-Cornflakes aussortieren und nur einzelne, eher flache aufheben. Erdnusscreme, Nougatcreme, Butter und Puderzucker in einer Rührschüssel mit einem Rührgerät zu einer Paste vermengen. Für mindestens 30 Minuten im Kühlschrank kühlen.

Anschließend mit 1 Esslöffel etwas von der Schokopaste abtrennen und 1 Kegel um je 1 Salzstange (oder zwei dünne) formen. Alle Kegel auf einen mit Backpapier ausgelegten Teller stellen und erneut 30 Minuten im Gefrierfach kühlen.

Jeweils einen Kegel aus dem Gefrierfach nehmen und von unten nach oben die Cornflakes befestigen. Oben mit eher gebogenen Cornflakes die Spitze formen. Den fertigen Tannenzapfen bis zum Servieren kühlen. Den Vorgang mit den restlichen Tannenzapfen wiederholen.

Kurz vor dem Servieren mit Puderzucker bestäuben.

Santas KÜSSCHEN

Ca. 25 Stück

FÜR DIE KÜSSE

- 2 Eiweiß (Größe M)
- 1 Prise Salz
- 100 g Zucker
- 1 TL Zitronensaft
- rote Speisefarbe

FÜR DIE FÜLLUNG

- 50 g weiße Schokolade
- Mark von ⅓ Vanilleschote
- 100 g weiche Butter

AUSSERDEM

- Spritzbeutel mit Sterntülle

Zubereitung

Eiweiß mit Salz steif schlagen, dabei Zucker einrieseln lassen. Weiterschlagen, bis der Zucker sich gelöst hat und die Masse glänzt, dann den Zitronensaft unterschlagen.

Backofen auf 90 °C Ober- / Unterhitze (70 °C Umluft) vorheizen. Spritzbeutel so umschlagen, dass man gut an den Innenteil gelangt. Mit einem Pinsel 2–3 Streifen Speisefarbe längs auf der inneren Seite des Spritzbeutels auftragen. Den Beutel vorsichtig mit Baisermasse befüllen (dazu am besten in ein hohes Rührgefäß stellen).

Auf ein mit Backpapier ausgelegtes Blech ca. 50 Tupfen der Masse (Ø 2 cm) setzen. Spritzbeutel senkrecht aufstellen, damit sie gleichmäßig werden. Im Ofen 50–60 Minuten trocknen lassen. Herausnehmen, abkühlen lassen.

Schokolade in einer Schüssel über dem heißen Wasserbad schmelzen. Vanillemark unterrühren und etwa 10 Minuten abkühlen lassen. Inzwischen die Butter in Stücke schneiden, mit dem Handrührgeräts cremig rühren. Die flüssige Schokolade nach und nach unterrühren.

Schokocreme in einen Spritzbeutel füllen, etwas davon auf die Unterseite der Hälfte der Baiserhütchen spritzen. Die übrigen Hütchen daraufsetzen, leicht festdrücken. An einem kühlen Ort (nicht im Kühlschrank!) fest werden lassen. Die Hütchen halten sich kühl gelagert 3–4 Tage.

MÄRCHENSTUNDE

DAS Weihnachtsgeschenk

– O. HENRY –

Ihr ganzes Vermögen war ein Dollar und 87 Cent, davon 60 Cents in Penny-Stücken. Alles mühsam zusammengekratzt und gespart. Und morgen war Weihnachten. Nichts blieb übrig, als sich auf die kleine, schäbige Couch zu werfen und zu heulen. Das tat Della auch, und es beweist uns, dass sich das Leben eigentlich aus Schluchzen, Seufzen und Lächeln zusammensetzt, wobei das Seufzen unbedingt vorherrscht. Inzwischen betrachten wir das Heim etwas näher. Es ist eine kleine möblierte Wohnung zu acht Dollar in der Woche. Sie sieht nicht gerade ärmlich aus, ist davon aber auch nicht allzu weit entfernt.

Della hörte zu weinen auf. Sie stand am Fenster und schaute bedrückt einer grauen Katze im Hof zu. Morgen war Weihnachten und sie hatte nur das wenige Geld, um Jim ein Geschenk zu kaufen.

Im Zimmer hing zwischen den Fenstern ein Spiegel. Wie hingewirbelt stand Della plötzlich mit hell leuchtenden Augen vor ihm. Rasch löste sie ihr Haar und ließ es in seiner ganzen Länge fallen.

Im Besitz von Della und Jim gab es zwei Dinge, in die sie ihren ganzen Stolz setzten. Das eine war Dellas Haar. Es fiel wie ein goldener Wasserfall glänzend und sich leicht kräuselnd an ihr herab.

Es reichte ihr fast bis zu den Knien. Mit nervösen Fingern steckte sie es rasch wieder zusammen.

Sie schlüpfte in ihre alte braune Jacke und huschte, immer noch das glänzende Leuchten in den Augen, zur Tür hinaus, die Treppen hinunter und durch die Straße. Sie stand erst still, als sie bei einem Schild ankam, auf dem zu lesen war: Mme. Sofronie, An- und Verkauf von Haar aller Art.

»Kaufen Sie mein Haar?«, fragte Della Mme. Sofronie. »Ich kaufe Haar, zeigen Sie mir, was sie haben«, sagte Madame Sofronie. Della zeigte ihre ganze Haarpracht. »Ich gebe Ihnen 20 Dollar.« »Geben sie es rasch«, sagte Della. Oh, und die zwei folgenden Stunden vergingen wie auf rosigen Schwingen. Vergessen war die zermürbende Vorstellung der fehlenden Haare.

Sie durchstöberte die Läden auf der Suche nach Jims Geschenk. Endlich fand sie es. Sicher war es für Jim und niemand anderen gemacht. Es war eine Platin-Uhrenkette, einfach und geschmackvoll in Form und Zeichnung. 21 Dollar nahmen sie ihr dafür ab und mit den restlichen 87 Cent eilte sie heim. So schön wie Jims Uhr war, schaute er nämlich manchmal scheu darauf, weil das alte Lederband, das er anstelle einer Kette benützte, so schäbig war.

Als Della zu Hause ankam, ließ ihr Taumel nach, und sie wurde etwas vernünftig. Sie holte ihre Brennschere heraus, zündete das Gas an und machte sich daran, die Verheerung, die Großmütigkeit zusammen mit Liebe angerichtete hatte, wiedergutzumachen. Um sieben Uhr war der Kaffee gemacht und die heiße Bratpfanne stand hinten auf dem Ofen, bereit, die Koteletts aufzunehmen, die darin gebraten werden sollten. Della nahm die Kette und setzte sich auf den Tisch bei der Tür, durch die Jim gleich kommen würde. Sie flüsterte leise vor sich hin: »Lieber Gott, mach, dass er denkt, ich sei immer noch hübsch.« Die Tür öffnete sich und Jim kam herein. Seine Augen waren auf Della gerichtet und hatten einen Ausdruck, den sie nicht deuten konnte. »Schau mich nicht so an, mein Liebster, ich habe mir die Haare abgeschnitten, um dir ein Weihnachtsgeschenk zu kaufen. Es wird wieder nachwachsen, aber ohne ein Geschenk für dich hätte ich es nicht ausgehalten. Du bist nicht böse, nicht wahr? Mein Haar wächst unheimlich schnell. Sag ›Fröhliche Weihnachten‹ und lass uns glücklich sein. Du weißt ja gar nicht, welch schönes Geschenk ich für dich habe.«

»Du hast dein Haar abgeschnitten?«, fragte Jim mühsam.

»Abgeschnitten und verkauft«, sagte Della.

»SAG ›FRÖHLICHE WEIHNACHTEN‹ UND LASS UNS GLÜCKLICH SEIN.«

Nun schien Jim aus seinem Trancezustand zu erwachen. Er nahm Della in seine Arme. »Ich glaube, da gäbe es kein Haarschneiden, Dauerwellen oder Waschen in der Welt, das mich dazu brächte, mein Liebstes weniger zu lieben. Aber wenn du das Päckchen da auspackst, wirst du sehen, warum ich mich zuerst eine Weile nicht erholen konnte.« Dellas Finger zogen an der Schnur, rissen am Papier. Ein begeisterter Freudenschrei. Und dann – oh weh ... Dort lag sie – die Garnitur von Kämmen, seitlich und rückwärts einzustecken, die Della so lange im Schaufenster bewundert hatte. Echtes Schildpatt, mit echten Steinchen, die so wundervoll zu ihren langen Haaren gepasst hätten. Nun waren ihre Haare fort, trotzdem drückte sie sie an sich, und endlich konnte sie auch mit verschleierten Augen aufstehen und lächelnd sagen: »Mein Haar wächst ja so schnell, Jim.« Und dann sprang sie auf, um Jims Geschenk zu holen.

»Ist sie nicht großartig – das einzig Wahre? Du wirst jetzt jeden Tag hundertmal sehen müssen, wieviel Uhr es ist. Gib mir bitte deine Uhr, damit ich sehen kann, wie die Kette daran aussieht.« Anstatt zu gehorchen, machte es sich Jim auf der Couch bequem, legte die Hände hinter den Kopf und lächelte.

»Dell«, sagte er, »wir wollen unsere Weihnachtsgeschenke noch für einige Zeit aufbewahren, sie sind zu schön, als dass wir sie jetzt brauchen könnten. Denke, ich habe die Uhr verkauft, um das Geld für deine Kämme zu erhalten.

Und jetzt meine Liebe, glaube ich, ist es das Beste, du stellst die Koteletts auf.«

Christmas Crinkle-Cookies

Ca. 20 Stück

- 50 g weiße Schokolade
- 80 g weiche Butter
- 100 g Zucker
- 1 Päckchen Vanillezucker
- 2 Eier (Größe S)
- 5 Tropfen Bittermandel-aroma
- rote Speisefarbe
- 200 g Mehl (Type 405)
- Salz
- 30 g Kakaopulver
- 1 TL Backpulver
- Puderzucker zum Wälzen (etwa 40–50 g)

Zubereitung

Die Schokolade grob hacken. Die Butter in Stückchen schneiden und mit den Schneebesen des Handrührgeräts oder der Küchenmaschine cremig-weiß rühren, dabei nach und nach den Zucker und Vanillezucker zugeben. Die Eier, das Bittermandelaroma und die Farbe nacheinander zugeben und jeweils gründlich unterrühren.

Das Mehl, 1 Prise Salz, das Kakaopulver und Backpulver mischen. Mit der gehackten Schokolade zur Eiermasse geben und zügig mit einem Löffel gründlich unterrühren. Den weichen Teig 3–4 Stunden kühlen.

Den Backofen auf 175 °C Ober- / Unterhitze (160 °C Umluft) vorheizen. Den Puderzucker in einen tiefen Teller geben. Von dem Teig mit einem Teelöffel jeweils kleine Stückchen abnehmen und mit den Händen zu etwas mehr als walnussgroßen Bällchen formen.

Die Kugeln in Puderzucker wälzen, bis sie mit einer dicken Schicht überzogen sind, dann ganz leicht flach drücken und mit Abstand zueinander auf mit Backpapier ausgelegte Bleche legen. Im heißen Ofen 12–15 Minuten backen. Herausnehmen, erst auf dem Blech und anschließend auf dem Kuchengitter auskühlen lassen.

Merry Christmas

Schneeweiße WINTER-MANDEL-TORTE

1 Torte

FÜR DIE BÖDEN

- 60 g Schokolade
- 8 Eier (Größe M)
- 200 g Zucker
- 200 g gemahlene Mandeln
- 1 EL Paniermehl

FÜR DIE FÜLLUNG

- 60 g Schokolade
- 4 Eier (Größe M)
- 200 g Zucker
- 1 EL Kaffeepulver
- 200 g Butter

FÜR DIE DEKO

- 2 Eiweiß (Größe M)
- 180 g Zucker

AUSSERDEM

- 3 Springformen (Ø 18 cm)
- Spritzbeutel

Zubereitung

Backformen einfetten. Den Backofen auf 180 °C Umluft vorheizen. Schokolade schmelzen und abkühlen lassen.

Die Eier trennen und das Eiweiß steif schlagen. Währenddessen den Zucker einrieseln lassen. Während des Rührens das Eigelb und die Schokolade einrühren. Zum Schluss die Mandeln und das Paniermehl unterheben und den Teig auf die 3 Kuchenformen verteilen. Den Kuchen für etwa 18–20 Minuten backen. Dann zunächst in der Form und dann auf einem Gitter abkühlen lassen.

Für die Creme die Schokolade klein hacken. Die Eier mit dem Zucker über einem Wasserbad schlagen, die Masse sollte hellgelb und von zäher Konsistenz sein. Vom Herd nehmen und die Schokolade und das Kaffeepulver einrühren, bis die Schokolade geschmolzen ist. Die Creme abkühlen lassen; zum Schluss weiche Butter hinzugeben und cremig aufschlagen. Bis zur Verwendung im Kühlschrank lagern.

Weiter geht's
AUF DER NÄCHSTEN SEITE! ⟶

Weiter geht's

Je nach Belieben kann man die Kuchenschichten ganz oder längs halbiert zur Schichtung verwenden. Zunächst einen Kuchenboden mit Creme einstreichen, dann einen weiteren darauflegen und so verfahren, bis die Creme und alle Kuchenböden verwendet wurden. Den Abschluss bildet ein Kuchenboden. Wenn die Creme zu flüssig ist, warten, bis sie eine zähe Konsistenz hat, und danach die Torte gut kühlen.

Für die Meringue-Schnee-Masse das Eiweiß steif schlagen und parallel dazu den Zucker mit 30 ml Wasser in einem Topf auf hoher Hitze unter ständigem Rühren auflösen. Wenn ein Handrührgerät vorhanden ist, zunächst den Zuckersirup herstellen und dann das Eiweiß steif schlagen. Anschließend während des Rührvorgangs den Zuckersirup langsam zum Eiweiß hinzugießen. Insgesamt etwa 8 Minuten rühren.

Nun die Meringue-Masse in einen Spritzbeutel mit mittlerer runder Tülle füllen und von oben nach unten Schneezapfen auf die Torte spritzen. Zum Schluss mit einem Bunsenbrenner die Oberfläche erhitzen, sodass sie goldbraun wird. Bis zum Servieren kühlen.

5

APFEL, NUSS & MANDEL-KERN …

… essen alle Kinder gern. So sorgt der Ofen nicht nur für eine gemütliche Wärme in der Küche, sondern zaubert auch knusprig-nussige Leckereien. Und wir alle lieben es doch, wenn der Duft von gerösteten Nüssen und gebrannten Mandeln in der Luft schwebt.

»Maamoul«
– ARABISCHES – WEIHNACHTSGEBÄCK

Ca. 30 Stück

FÜR DEN TEIG

- 650 g feiner Grieß
- ¼ TL Trockenhefe
- 250 g Zucker
- 450 g weiche Butter oder Margarine
- 500 ml Milch

FÜR DIE FÜLLUNG

- 300 g Walnusskerne
- 200 g Zucker
- 60 ml Rosenwasser

TIPP

Pistazien oder Datteln eignen sich statt Walnuss ebenso gut.

Zubereitung

Grieß, Hefe und Zucker in einer Schüssel mischen. Mit der Butter verkneten und die Milch untermengen. Alles mit den Händen zu einem glatten Teig verarbeiten, diesen abgedeckt an einem kühlen Ort 1 bis 2 Stunden gehen lassen.

Inzwischen für die Füllung die Walnusskerne fein hacken und mit dem Zucker und dem Rosenwasser gut verrühren.

Den Backofen auf 180 °C Ober- / Unterhitze vorheizen. Ein Backblech mit Backpapier auslegen.

Den abgekühlten Teig in 30 gleichgroße Stücke teilen. Das erste Stück als »Schale« für den ersten Keks flach drücken. 1 gehäuften Teelöffel der Walnussfüllung in die Mitte setzen und mit dem Teig umschließen. Mit beiden Händen formen und mit dem Rest des Teiges und der Füllung ebenso verfahren.

Im vorgeheizten Backofen auf der mittleren Schiene in 15–20 Minuten goldbraun backen. Falls nötig, etwas länger im Ofen lassen; lassen Sie die Kekse dann aber nicht aus den Augen, damit sie nicht zu braun werden.

Herausnehmen und abkühlen lassen. Zum Schluss mit ein wenig Puderzucker bestäuben.

»Barazek«

Knusprige Sesamkekse

Ca. 30 Stück

- 75 g Ghee (bzw. Butterschmalz)
- 25 g Margarine
- 250 ml Zuckersirup
- 100 g grob gehackte Pistazienkerne
- 200 g geröstete Sesam
- 500 g Mehl (Type 405)
- 125 ml Milch
- 10 g Backpulver
- Salz
- 10 g Vanillezucker

Zubereitung

Butter, Margarine, Zuckersirup und jeweils die Hälfte der Pistazien und des Sesams in einer Schüssel vermengen.

Für den Teig Mehl, Milch, Backpulver, 1 Prise Salz, Vanillezucker sowie die andere Hälfte der Pistazien und des Sesams mischen und zu einem Teig verkneten. Den Teig 1 Stunde im Kühlschrank ruhen lassen.

Den Backofen auf 180 °C Ober- / Unterhitze vorheizen. Ein Backblech mit Backpapier auslegen.

Vom Teig 1 Esslöffel abnehmen, zu einem flachen Taler formen und auf das Backblech legen. Mit dem übrigen Teig so verfahren, bis er aufgebraucht ist.

Auf die Taler nun löffelweise die süße Sirupmischung geben. Die Sesamkekse im vorgeheizten Ofen etwa 20 Minuten backen, bis sie leicht gebräunt sind.

Abkühlen lassen, dann servieren oder luftdicht verpackt in einer Dose aufbewahren.

Christmas RUGELACH

Ca. 32 Stück

FÜR DEN TEIG

- 200 g weiche Butter
- 200 g Doppelrahm-frischkäse
- Salz
- 1 Eigelb (Größe M)
- 250 g Mehl (Type 405)

FÜR DIE FÜLLUNG

- 100 g getrocknete Soft-Aprikosen
- 2 EL Orangenlikör (nach Belieben)
- 150 g Walnusskerne
- 120 g Zartbitterschokolade (oder Schokotröpfchen)
- 50 g Orangenmarmelade
- ½ TL gemahlener Zimt
- 1 EL Rohrohrzucker

FÜR DEN GUSS

- 1 Eigelb (Größe M)
- 2–3 EL Rohrohrzucker

Zubereitung

Für den Teig die Butter klein schneiden und mit Frischkäse, ¼ Teelöffel Salz, dem Eigelb und Mehl in die Rührschüssel geben. Mit den Knethaken des Handrührgeräts oder der Küchenmaschine zu einem glatten Teig verarbeiten. In Folie wickeln und 4 Stunden im Kühlschrank kühlen.

Inzwischen für die Füllung Aprikosen in feine Würfel schneiden, nach Wunsch Orangenlikör hinzufügen und etwas ziehen lassen. Walnüsse und Schokolade klein hacken. Alles mit Marmelade, Zimt und Zucker mischen.

Teig halbieren. Die Hälften nacheinander auf einer bemehlten Arbeitsfläche 3–4 mm dünn zu einem Kreis ausrollen. Jeweils die Hälfte der Füllung bis zum Rand darauf verteilen, darauf achten, dass in der Mitte nicht zu viel Füllung ist. Teigkreise diagonal durchschneiden, bis jeweils 16 gleichgroße Stücke entstanden sind. Dreiecke nun von außen nach innen fest aufrollen und leicht andrücken.

Röllchen mit dem offenen Zipfel nach unten mit Abstand auf mit Backpapier ausgelegte Bleche legen, 30 Minuten im Kühlen ruhen lassen. Den Backofen auf 175 °C Ober-/Unterhitze (160 °C Umluft) vorheizen. Das Eigelb mit 1 EL Wasser verquirlen, Röllchen damit bestreichen und sofort mit Zucker bestreuen. Im Ofen 20–25 Minuten goldbraun backen. Herausnehmen, erst auf dem Blech abkühlen, dann auf einem Backgitter vollständig auskühlen lassen.

Schokoladig

Süsse Nussecken

1 Backblech

Für den Teig

- 300 g Mehl (Type 405)
- 1 TL Backpulver
- Salz
- 90 g Zucker
- 2 Päckchen Vanillezucker
- 2 Eier (Größe M)
- 130 g Butter

Für die Füllung

- 3 gehäufte EL Himbeermarmelade
- 200 g Butter
- 150 g Zucker
- 2 Päckchen Vanillezucker
- 400 g gemahlene Haselnusskerne

Für den Guss

- 1 große Packung Schokoguss (rund 500 g)

Zubereitung

Ein Backblech mit Butter fetten und mit Mehl bestäuben.

Für den Mürbeteig alle Zutaten und 1 Prise Salz in eine Schüssel geben und erst mit den Knethaken des Handrührgeräts, dann mit den Händen zügig zu einem geschmeidigen Teig verkneten. Den Teig auf einer leicht bemehlten Arbeitsfläche etwa auf Backblechgröße ausrollen. Auf das Blech legen und damit auskleiden. Etwa 30 Minuten kühl stellen.

Den Boden mit der Gabel mehrfach einstechen und die Marmelade darauf verteilen. Den Backofen auf 180 °C Ober- / Unterhitze vorheizen.

Für die Füllung Butter, Zucker, Vanillezucker und 5 EL Wasser in einen Topf geben und unter Rühren aufkochen. Der Zucker sollte sich gelöst haben. Vom Herd nehmen und die Haselnüsse einrühren. Auf dem Mürbeteigboden verteilen.

Die Nussecken im heißen Ofen etwa 20–25 Minuten backen. Aus dem Ofen nehmen und sofort in Dreiecke schneiden. Auskühlen lassen.

Schokoladenguss im heißen Wasserbad oder in der Mikrowelle schmelzen. Die beiden Spitzen der Nussecken hineintunken und auf Backpapier trocknen lassen.

Goldene Nuss-Schnecken

Ca. 12 Stück

- 1 EL Butter
- 1 Rolle Blätterteig aus dem Kühlregal (Fertigprodukt)
- 125 g Dulce de Leche (alternativ Karamell-aufstrich)
- 100 g Zartbitterschokolade
- 100 g Pekannusskerne
- gemahlener Zimt
- 2 EL Milch

Zubereitung

Den Backofen auf 200 °C Ober- / Unterhitze vorheizen, ein Muffinblech mit Butter fetten und zur Seite stellen.

Den Blätterteig ausrollen, die Dulce de Leche daraufgeben und bis zum Rand hin verstreichen.

Die Schokolade und die Nüsse hacken und auf die Dulce de Leche geben. Eine Prise Zimt daraufgeben und die Füllung mit der Hand etwas in die Karamellcreme drücken.

Den Teig nun von der langen Seite her aufrollen und mit einem scharfen Messer in 12 gleich große Stücke schneiden.

Jeweils eine Schnecke mit der Schnittfläche nach oben in eine Mulde des Muffinblechs stellen, mit Milch bestreichen und anschließend auf mittlerer Schiene 18–23 Minuten backen, bis sie goldgelb sind. Am besten noch lauwarm servieren.

Tipp

Wenn die Dulce de Leche zu fest sein sollte, in einem Topf oder der Mikrowelle kurz erwärmen, dann lässt sie sich leichter verstreichen.

Märchenstunde

Nussknacker
und Mausekönig

– E. T. A. Hoffmann –

Im Hause des Medizinalrats Stahlbaum ist der Weihnachtsbaum aufgestellt und alles festlich geschmückt. Die beiden jüngeren Kinder, Fritz und Marie, warten gespannt auf die Weihnachtsbescherung und spekulieren schon den ganzen Tag lang, was ihnen die Eltern bzw. das Christkind wohl diesmal bescheren werden. Auch ihr Pate, der Obergerichtsrat Drosselmeier, wird zum Fest erwartet und die Kinder vermuten bereits, dass er sie, wie jedes Jahr, mit einem seiner selbstgebauten mechanischen Spielzeuge beschenken wird. Drosselmeiers Geschenke sind stets kleine Kunstwerke, die die Fantasie der Kinder aufblühen lassen. Aber meistens sind sie dann schnell enttäuscht, weil die beweglichen Figuren nun mal nicht »echt« sind, sondern sich alles Bewegliche nach dem immer gleichen Muster wiederholt.

Als Fritz und Marie ins Zimmer dürfen, bestaunen sie mit großen Augen ihre diesjährigen Geschenke. Marie bekommt eine neue Puppe und ein wunderschönes Kleidchen. Fritz bekommt für seine Spielzeugarmee eine neue Schwadron Husaren und einen Fuchs, den er sich so sehr gewünscht hat. Pate Drosselmeier hat diesmal ein Schloss mit einigen beweglichen Figuren gebastelt. Für Fritz, Marie und die ältere Schwester Luise zusammen gibt es außerdem Bilderbücher, und, was sie zwischen all den Gaben erst spät bemerken, einen kleinen, aus Holz geschnitzten Mann mit eigentümlichen Proportionen: übergroßer Kopf, kräftiger Oberkörper, darunter aber ein Paar dünne Beinchen. Sein Gesicht ist nicht hübsch, doch sein Lächeln nimmt die kleine Marie sofort für ihn ein. Dazu ein violettes Husarenjäckchen, eine Bergmannskappe, weißer Backenbart und fesche Stiefel.

Vater erklärt ihr, dass der kleine Mann ein Nussknacker ist, was die Kinder natürlich sofort ausprobieren. Marie ist darauf bedacht, dass der Nussknacker nicht überstrapaziert wird. Doch Bruder Fritz schiebt ihm immer dickere Nüsse in den Mund. Schließlich fallen ihm drei Zähne heraus und seine Kinnlade hängt ganz schief. Marie, die den Nussknacker als ihren Schützling betrachtet, macht ihm aus einem Band von ihrem Kleid eine Binde und nimmt ihn mütterlich in den Arm.

Als Marie vor dem Schlafengehen ihre neue Puppe (Clärchen) ins Puppenbett legen will, überlegt sie sich die Sache anders. Sie bittet Clärchen um Verständnis, dass sie das Bett an den angeschlagenen Nussknacker abtreten muss, und dem Nussknacker redet sie gut zu, dass der Pate Drosselmeier bestimmt seine Wunden heilen und ihm ein paar neue Zähne machen könne. Doch als sie den Namen Drosselmeier erwähnt, hat es den Anschein, als würde der Nussknacker ein schiefes Gesicht machen und aus seinen Augen grüne Blitze schießen. Marie ist allerdings ein vernünftiges Kind und sagt sich, dass sie sich das wohl nur einbildet. Schließlich ist der Nussknacker nur eine Holzfigur. Dann schließt sie den Spielzeugschrank ab und will in ihr Schlafzimmer gehen.

Da beginnt es von überall her zu rascheln. Hinterm Ofen, unter Stühlen und Tischen, aus Ritzen und Löchern kommen Mäuse herbeigelaufen. Die Uhr an der Wand macht schaurige Geräusche, und die Eule, die oben auf der Uhr sitzt, hat plötzlich das Aussehen des Paten Drosselmeier. Als ob das nicht alles schon schrecklich genug wäre, erscheint auch noch eine Maus mit sieben Köpfen. Offensichtlich der Anführer des Mäuseheers. Und die Mäuse rufen entschlossen Parolen wie: »Aufgewacht! Aufgewacht! Woll'n zur Schlacht, noch diese Nacht!«

»DROSSELMEIERS GESCHENKE SIND STETS KLEINE KUNSTWERKE, DIE DIE FANTASIE DER KINDER AUFBLÜHEN LASSEN.«

Damit nicht genug: Auch Maries Puppen, Fritzens Soldaten und alle anderen Spielfiguren im Schrank werden munter und laufen aufgeregt durcheinander. Der Nussknacker wirft seine Decke fort und gibt sich wie ein Offizier, der seine Truppen zusammenruft. Dem »Mäuspack« wird der Kampf angesagt, Sprüche von Treue, Sieg, Kampf und Tod machen die Runde. Puppe Clärchen macht dem Nussknacker Avancen, doch der erklärt, dass sein Herz schon einer anderen gehöre – und verweist auf das Band von Maries Kleid, mit dem sie ihn verbunden hatte. Dann formieren sich die Armeen. Die Spielfiguren bewerfen die Mäuse mit Nüssen; diese schießen mit kleinen, selbstgemachten Kugeln zurück, wovon recht bald die Scheibe des Vitrinenschranks zu Bruch geht. Erbittert geht die Schlacht lange hin und her, mit großen Verlusten auf beiden Seiten.

Bald geht es dem Oberbefehlshaber Nussknacker selbst an den Kragen; seine Kappe wird ihm vom Kopf heruntergefochten und die ohnehin nicht besonders kräftigen Beine werden ihm abgebissen. Die Beinstümpfe sind zu schwach für einen rettenden Sprung zurück in die Vitrine. Er kann nur noch rufen: Ein Pferd, ein Pferd – ein Königreich für ein Pferd. Dann bekommen ihn die Feinde zu fassen, und der Mausekönig selbst kommt herangestürmt. Marie, die dies alles starr vor Entsetzen mit angesehen

hat, wirft beherzt ihren linken Schuh in die Meute der Kampfmäuse. Die stieben auseinander und verziehen sich in ihre Löcher. Marie spürt einen stechenden Schmerz im Arm und sinkt ohnmächtig zu Boden.

Als sie wieder aufwacht, liegt sie mit verbundenem Arm im Bett, neben ihr die Mutter mit dem Herrn Chirurgus Wendelstern. Die beiden halten Maries Bericht vom Kampf zwischen den Mäusen und dem Spielzeugheer für eine Begleiterscheinung ihres Fiebers und erzählen ihr, dass sie sich an den Glasscherben der Vitrine den Arm zerschnitten, und die Wunde sich entzündet hat. Nachdem sie das Zimmer verlassen hat, meint Marie, den Nussknacker zu hören, der sich bei ihr für die Hilfe bedankt und um weitere Unterstützung bittet; doch ist sie nicht sicher, ob sie dies vielleicht nur geträumt hat.

Später kommt Pate Drosselmeier sie besuchen. Marie erinnert sich, wie er am Abend zuvor plötzlich auf der Uhr gesessen hat und macht ihm Vorwürfe, weil er dem lieben Nussknacker nicht geholfen hat. Der Pate verhält sich merkwürdig, fast so, als wäre er selbst ein mechanisches Spielzeug. Dann zieht er den reparierten Nussknacker (mitsamt neuen Zähnen) hervor und fragt Marie, ob sie die Geschichte von der Prinzessin Pirlipat hören möchte.

Drosselmeier berichtet nun von einem Märchen, aus dem sich für Marie die Zusammenhänge mit dem Geschehen in der letzten Nacht ergeben. Demnach geht die Feindschaft zwischen dem Nussknacker und dem Mausekönig auf einen Streit zurück, der sich am Hof der Prinzessin Pirlipat ereignet hat. Infolge dieses Streits war die eigentlich ausgesprochen hübsche Prinzessin von Frau Mauserink (Mutter des siebenköpfigen Mausekönigs) in eine hässliche Kreatur verwandelt worden. Der Hofuhrmacher Drosselmeier hatte (nach Androhung der Todesstrafe) das Mittel herausgefunden, um diese unglückselige Verwandlung rückgängig zu machen.

Dazu musste ein Jüngling, der sich noch nie rasiert hatte und noch keine Stiefel trug, eine harte Nuss namens Krakatuk knacken, den Kern der Prinzessin geben und anschließend sieben Schritte rückwärts gehen. Nach langem Suchen wurde die Nuss gefunden, und nachdem sich schon etliche Bewerber an der Nuss die Zähne ausgebissen hatten, fand sich auch der junge Mann, der sie knacken konnte – es war der Neffe des Hofuhrmachers Drosselmeier. Die Prinzessin war von dem gutaussehenden Jüngling so angetan, dass sie ihm für den Fall des Gelingens ihr Heiratsversprechen gab. Tatsächlich gelang die Entzauberung der Prinzessin, die augenblicklich ihre frühere Schönheit wiedergewann.

»AUFGEWACHT! AUFGEWACHT! WOLL'N ZUR SCHLACHT, NOCH DIESE NACHT!«

Doch als der junge Drosselmeier den siebenten und letzten Schritt nach hinten setzte, landete sein Fuß auf Frau Mauserink und er stolperte. Die Maus starb an den Folgen des Fehltritts, woraufhin das Volk der Mäuse Rache schwor. Plötzlich war auch Neffe Drosselmeier so hässlich und missgestaltet wie zuvor die Prinzessin Priplipat. Prinzessin Pirlipat wollte von ihrem Heiratsversprechen plötzlich nichts mehr wissen, und Neffe Drosselmeier wurde vom Hof gejagt. Der Astrologe, der zuvor schon das Mittel für die Entzauberung der Prinzessin aus den Sternen gelesen hatte, wusste auch diesmal Rat. Neffe Drosselmeier muss erstens Frau Mauserinks Sohn, den siebenköpfigen Mausekönig, besiegen. Und zweitens muss er trotz seiner Missgestalt die Zuneigung einer Dame gewinnen.

Für Marie ist die Sache nun klar. Der Nussknacker ist der Neffe von Obergerichtsrat Drosselmeier, und sie selbst ist jene Dame, die ihn erlösen kann. Fürs erste jedoch haben die Mäuse die Oberhand gewonnen. Der Mausekönig erpresst Marie mit der Drohung, den Nussknacker totzubeißen, und stellt immer unverschämtere Forderungen (zunächst nach Süßigkeiten, dann auch nach ihren Bilderbüchern und Kleidern). Schließlich beschafft sie dem Nussknacker ein Schwert (von einem Offizier aus Fritzens Spielzeugarmee), womit dieser dem Mausekönig den Garaus macht, und der Rest der Geschichte verliert sich in einer Fantasiewelt, die Marie zusammen mit dem Nussknacker durch ihren Kleiderschrank betritt. Am Ende löst sich das Zucker-Puppen-Reich in einer Wolke auf, und Marie erwacht wieder in ihrem Bettchen.

Nussig-duftende LEBKUCHEN-RIEGEL

Ca. 25 Stück

FÜR DEN TEIG

- 200 g kalte Butter
- 150 g Mehl (Type 405)
- 150 g Weizenvollkorn-mehl
- 50 g Zucker – Salz

FÜR DEN BELAG

- 100 g gebrannte Mandeln (Fertigprodukt)
- 60 g Zuckerrohrmelasse
- 80 g goldener Zuckersirup (oder Blüten-Honig)
- 2 EL Rum
- 50 g Butter
- 2 Eier (Größe M)
- 2 TL Lebkuchengewürz
- Salz
- 200 g Pekannusskerne

AUSSERDEM

- Quadratische Springform (22 x 22 cm)

Zubereitung

Butter in Stückchen schneiden, mit den Mehlsorten, Zucker und ½ TL Salz mischen. Mit Knethaken so lange rühren, bis feuchte Krümel entstanden sind. Dann die Krümel mit den Händen zu einem glatten Teig kneten.

Backofen auf 175 °C Ober- / Unterhitze (160 °C Umluft) vorheizen. Den Teig in eine mit Backpapier ausgelegte Form geben, flach und gleichmäßig auf dem Boden der Form festdrücken. Im heißen Ofen ca. 20 Minuten goldbraun backen. Herausnehmen, leicht abkühlen lassen.

Inzwischen Mandeln grob hacken. In einem Topf Melasse, Zuckersirup oder Honig, Rum, gestückelte Butter, Eier, Lebkuchengewürz und ½ TL Salz langsam erhitzen, dabei mit einem Schneebesen gründlich rühren, bis die Butter geschmolzen ist. Bei niedriger Hitze leicht unter Rühren kochen, bis die Masse cremig einzudicken beginnt. Dann die Mandeln unterrühren.

Die Gewürz-Mandel-Masse auf den Teigboden gießen und gleichmäßig verteilen. Die Pekannüsse draufstreuen und eventuell leicht in die Masse eindrücken. Im heißen Ofen weitere 30 Minuten backen, bis die Masse fest ist.

Herausnehmen, auf einem Gitter auskühlen lassen. Den Kuchen ringsum am Rand mit einem Messer lösen, aus der Form nehmen. In 25 kleine (16 große) Stücke schneiden.

Zuckersüße Bratapfel-Torte

1 Torte

Für die gezuckerten Cranberrys

- 150 g frische Cranberrys
- 120 g Zucker

Für die Torte

- 80 g weiche Butter
- 280 g Zucker
- 240 g Mehl (Type 405)
- 1 EL Backpulver – Salz
- 2 TL gemahlener Zimt
- 2 Eier (Größe M)
- 240 ml Milch – 2 Äpfel
- 50 g gehackte Walnuss-kerne
- 150 g weiche Butter
- 300 g Puderzucker
- 2½ EL Milch
- 80 g Marzipan

Außerdem

- 3 Springformen (Ø 15 cm)

Zubereitung

Für die Cranberrys 110 g Zucker mit 120 ml Wasser zum Kochen bringen, bis sich der Zucker aufgelöst hat. Cranberrys im Zuckersirup baden, anschließend 1 Stunde auf einem Gitter abtropfen und trocknen lassen. Nun die Cranberrys im restlichen Zucker rollen, bis sie komplett mit Zucker bedeckt sind. Erneut 1 Stunde trocknen lassen.

Den Backofen auf 180 °C Umluft vorheizen. Formen einfetten oder mit Backpapier auslegen. Butter mit Zucker, Mehl, Backpulver, 1 Prise Salz und 1 TL Zimt solange verrühren, bis die Konsistenz sandartig wird. Eier mit der Milch vermengen und langsam zu der Teigmasse hinzugeben. Rühren, bis eine glatte Masse entsteht.

Äpfel schälen, entkernen und in kleine Würfel schneiden. Mit gehackten Walnüsse langsam unterheben. Teig in alle 3 Formen verteilen. Den Kuchen für ca. 20 Minuten backen und anschließend abkühlen lassen.

Für die Buttercreme Butter, Puderzucker, Milch und 1 TL Zimt zu einer Creme schlagen. Jeweils 40 g Marzipan dünn ausrollen. Auf die erste Teigschicht Zimtcreme auftragen, darauf Marzipan geben und trimmen. So mit der 2. Schicht fortfahren; mit der 3. Teigschicht abschließen.

Das komplette Törtchen nun mit Zimtcreme einhüllen. Anschließend mit den gezuckerten Cranberrys dekorieren.

REZEPT-REGISTER

Impressum

Bibliografische Information der Deutschen Bibliothek.

Die Deutsche Bibliothek verzeichnet diese Publikation in der Deutschen Nationalbibliografie.

Detaillierte bibliografische Daten sind im Internet über http://www.dnb.de/ abrufbar.

EIN BUCH DER EDITION MICHAEL FISCHER

2. Auflage 2021

Cover, Layout & Satz: Silvia Keller
Redaktion und Lektorat: Carina Baier

Illustrationen: S. 2–3 und alle weiteren Seiten (Nussknacker und verschiedene Ornamente): beingeniusloci/Shutterstock

Bilder: S. 1: Mihai Dogaru/Unsplash; S. 2–5, 8–9, 24–25, 30–31, 44–47, 54–55, 68–71, 78–79, 92–95, 102–103, 116-121 (Hintergrund): suns07butterfly/Shutterstock; S. 4, 5, 21, 35, 75, 77, 89, 99, 125: Sara Plavic, Zürich; S. 4, 27, 29, 33, 57, 59: Sabrina Sue Daniels, Frankfurt am Main; S. 4, 41, 49, 83, 115: Janina Lechner, Herrieden; S. 5, 67: Claudia Timmann, Hamburg; S. 6–7: Grant Lemons/Unsplash; S. 8: Artiom Vallat/Unsplash; S. 11, 23: Klara & Ida, Stuttgart; S. 13: Just Stock/Shutterstock; S. 15: Goskova Tatiana/Shutterstock; S. 16–17: Marina Zezelina/Shutterstock; S. 19, 43, 73, 81, 85, 91, 97, 111, 123: Tina Bumann, Bretten; S. 25: Katia Seniutina/Shutterstock; S. 30: Seoyeon Choi/Unsplash; S. 37, 121: Annie Spratt/Unsplash; S. 39: Melanie Allhoff, Lienen; S. 45: Sunny Forest/Shutterstock; S. 47: Erkki Makkonen/Shutterstock; S. 51, 63, 113: Tamara Staab, Frankfurt am Main; S. 53: Anastasiia Malinich/Shutterstock; S. 54: canadastock/Shutterstock; S. 60–61: Donnie rosie/Unsplash; S. 65: Food Photographer Jennifer I Pallian/Unsplash; S. 69: redcharlie/Unsplash; S. 71: David Dibert/Pexels; S. 78: Ciprian Boiciuc/Unsplash; S. 86–87: Sven Pieren/Unsplash; S. 93: beerlogoff/Shutterstock; S. 96: Jeanette Dietl/Shutterstock; S. 101: Sven Gouw/Unsplash; S. 102: Tuqa Nabi/Unsplash; S. 105, 107: Ilya Shapovalov, Düsseldorf; S. 108–109: Vlad Sokolovsky/Shutterstock; S. 117: Marko Klaric/Pexels; S. 199: Marina Volodina/Shutterstock

Rezepte: S. 10, 12, 22: Andrea Menichelli, Britta Welzer & Svenja Mattner-Shahi; S. 14, 50, 52, 62, 64, 112: Sara Plavic & Tamara Staab; S. 18, 42, 72, 80, 90, 96, 110, 122: Clara Hansemann; S. 20, 34, 36, 74, 76, 84, 88, 98, 100, 124: Sara Plavic; S. 26, 28, 56, 58, 66, 82: Gabriele Gugetzer; S. 32: Sabrina Sue Daniels; S. 38: Melanie Allhoff; S. 40, 48: Ivana Sanshia Ströde; S. 104, 106: Fadi Alauwad; S. 114: Janina Lechner

ISBN 978-3-7459-0626-4

Gedruckt bei Polygraf Print, Čapajevova 44, 08001 Prešov, Slowakei

www.emf-verlag.de